EL MANUSCRITO OCHTAGÁN

DESCUBRE EL LADO OSCURO DE LA SOCIEDAD

JULIÁN GUTIÉRREZ CONDE

KOLIMA
BOOKS

Categoría: Directivos y líderes
Colección: Biblioteca Julián Gutiérrez Conde

Título original: El manuscrito Ochtagán

Primera edición: Octubre 2020
© 2020 Editorial Kolima, Madrid
www.editorialkolima.com

Autores: Julián Gutiérrez Conde
Dirección editorial: Marta Prieto Asirón
Maquetación de cubierta: Sergio Santos Palmero
Maquetación: Carolina Hernández Alarcón y Lucía Alfonsín Otero
Colaboración: Macarena Rincón Carvajal

ISBN: 978-84-18263-45-3

*Entre los poderosos
no existe la paz ni estable ni aceptada.
La guerra más cruel continúa, aunque
no se celebre en los frentes de batalla tradicionales.
La insaciable lucha por conseguir más poder
se lleva a cabo en la oscuridad
de las simas más desconocidas.
Es allí donde las cargas de profundidad hacen su trabajo
intentando demoler los cimientos del enemigo.
En la superficie, sin embargo,
se les puede ver compartiendo sonrisas, ocio y relax.
La apariencia es algo que saben cuidar.
El veneno nunca se muestra, simplemente se inocula.*

Solo la estupidez puede explicar el hecho de que el malévolo
y el sinvergüenza cosechen millones de seguidores.

Nota del autor:
Este es un libro sobre la felicidad, pero para comprenderlo hay que esforzarse y ser capaz de leer al revés. Porque es en el lado oscuro donde se esconde y guarda, dispuesta a ser encontrada.

ÍNDICE

PRÓLOGO

Estimado lector, antes de que continúes con la lectura de este prólogo, y por el enorme respeto que me inspiras, he de avisar del único mérito que me hace responsable de esta labor, que no es otro que la profunda y larga amistad con la que me honra y que me regala el autor.

Julián Gutiérrez Conde, hombre bueno, sabio, tenaz, andarín incansable y solitario, director de grandes equipos y corporaciones, formador de directivos, escritor original y variopinto, es sobre todo mi amigo desde nuestra más temprana infancia escolar. Es por ello por lo que afronto esta tarea incapaz de negarme a ello ante su desmedida valoración y entusiasmo.

Y dicho esto, advierto al lector que tiene en sus manos un «libro maldito», en cuanto que destapa las oscuras simas donde se esconde el Mal, muy a menudo disfrazado de la más alta bondad y de los conceptos más sublimes y solidarios. También es un «libro diabólico» en cuanto describe el supremo Mal como el poder absoluto en forma de dominación, que absorbe, canibaliza y depreda todo lo que le rodea desde el anonimato total.

A través de una historia amable que de inmediato despierta nuestro interés, nos conduce hábilmente por bellos parajes y misteriosas tierras hasta que, sin saber muy bien cómo, el lector se encuentra discutiendo y peleándose con un hilo argumental que desasosiega, que viola su ética, que conmueve hasta el alma (¿o no existe tal y es solo un conjunto de reacciones fisicoquímicas que generan energía bioeléctrica?).

El autor sitúa al lector al otro lado del espejo y ahí cada uno ha de afrontar el negativo más genuino de su ser, el retrato más negro y desolador de su propia realidad; ha de recorrer solitario los vericuetos más tenebrosos de sus sentimientos y conciencia. Todo ello sin paz ni descanso, con un vértigo que se va acelerando con la narración y que no deja escapar de ella. Como un terrible remolino que nos absorbe poderoso y contra el que luchamos pero del que no es posible salir indemnes.

Al final la historia se remansa, dulcifica y aclara algunos de los extraños orígenes de los personajes y lugares de la narración; se explica el *Ecdon Point*, que nadie sabe ubicar pero que como terrible imán atrae de mil formas diferentes a sus víctimas, de las que absorbe toda la energía vital hasta consumar su destrucción... Que tú, lector, no seas una de ellas.

En junio del año de la pandemia
Jesús Núñez García

INTRODUCCIÓN

Este es, y he meditado mucho si era honesto publicarlo, un libro endiablado, cuyos renglones jamás pensé tener que escribir. Lo he construido con las aportaciones de tres autores; el primero, el creador del manuscrito *Ochtagán*, un anónimo personaje perdido en el tiempo. Hoy por hoy no se sabe ni de cuándo, ni de dónde procede este ancestral manuscrito, ni tampoco se tiene referencia alguna sobre quién lo escribió.

Se sabe que vivió en una costa fiera y dañina, temida y eludida en lo posible por los navegantes. Y que, a pesar de ser conocidas, sus terribles corrientes habían arrastrado a muchas almas desgraciadas hasta la muerte. Pero de todo eso nos informan únicamente la leyenda y la memoria de los cerrados y escasos habitantes del lugar donde se supone que se escribió el manuscrito, porque no existen referencias concretas ni hechos constatados.

El segundo autor es mi buen amigo J. Walterson Count. Él fue el descubridor, o mejor, el designado para encontrar el manuscrito y quien puso todo su empeño en que fuera dado a conocer. Él mejor que nadie hubiera podido ofrecer muchos más datos sobre el lugar en que se escribió, y quizá sobre su autor, pues este libro describe las peripecias que por casualidad le llevaron a ser un *bunleibhéal* (iniciante), su contacto con *Ochtagán*, sus experiencias e impresiones.

El tercer autor –y sin duda el menos importante– soy yo. Al publicar este libro cumplo un encargo de mi entrañable amigo, al que amistosamente llamábamos Waltcie, quien al término de su recorrido me encomendó e hizo prometer que el manuscrito *Ochtagán* sería dado a conocer. Cumplo por tanto, aunque debo reconocer que con cierto retraso, con la deuda contraída. Mi aportación no es otra que la de contar los sucesos que viví y asimismo transcribir tanto los escritos y comentarios de Waltcie como los de aquel creador de *Ochtagán*, una terrible y amargada alma en pena cargada de odio.

El escenario acontece en las verdes tierras de Irlanda, tan hermosas como misteriosas, por las que se pueden encontrar tanto lugares de duendes como de angustiosos gritos apagados mezclados con alegres canciones juglarescas tradicionales de los antepasados desde antaño.

PRIMERA PARTE

AN GLAO (LA LLAMADA)

En que cuento cómo me vi envuelto en esta aventura

o que menos podía imaginarme aquel día lluvioso que invitaba a permanecer en casa es que al otro lado del teléfono alguien de un hospital en Irlanda preguntaría por mí. Y aún me creó más confusión el hecho de que pronunciara el nombre de J. Walterson y me preguntara si le conocía.

—Por supuesto —respondí—. Fuimos compañeros de colegio y hemos mantenido nuestra amistad desde entonces. ¿Sucede algo?

—¿Sería usted tan amable de venir hasta aquí?

—Bueno, sí; podría hacerlo. Pero ¿qué sucede? ¿Necesita algo Waltcie?

—No me está permitido darle esa información por teléfono. Solo puedo decirle que el señor Walterson nos ha pedido que le llamáramos y que desearía verle.

—De acuerdo. ¿Es muy urgente?

—Bueno, diría que no es necesario que venga de inmediato pero que convendría que lo hiciera en el más breve plazo posible.

Cuando alguien de un hospital te dice algo así, las perspectivas nunca son demasiado halagüeñas.

—De acuerdo —respondí—; mañana podría estar allí. Procuraré llegar lo antes posible. Y...

—¿Sí?

—Si sucede algo, por favor no deje de llamarme nuevamente. Dígale a Waltcie que le mando un abrazo.

–Así lo haré. Muchas gracias –respondió la afable voz femenina al otro lado del hilo.

–Gracias a usted por su interés en localizarme.

–¡Ah!, una cosa más. Pregunte por mí. Soy la doctora O´Sullivan.

–¡Oh!, muchas gracias; así lo haré. Llegaré por la tarde a primera hora.

El viaje resultó una mezcla entre la inquietud que me había producido aquella llamada y el hermoso paisaje de la serpenteante carretera. Conducir por Irlanda siempre me había producido un extraordinario placer así que hacer ese viaje en mi viejo, aunque impecable, Land Rover era algo que estaba dispuesto a aprovechar.

Cuando entré en el Hospital St. John pregunté por la consulta de la doctora O´Sullivan.

–Mr. Gui... –se atascó intentándolo de nuevo–. Giu...; –volvió a trastrabillarse la recepcionista tras el pupitre de información.

–No se esfuerce, no será capaz –me reí–. Mi apellido es Gutiérrez, pero es imposible de pronunciar para ustedes. Será más fácil si me llama por mi segundo apellido, Conde.

–Ok, Mr. Conde –dijo con una sonrisa de alivio que al tiempo quería ser una excusa–. Ahora le acompañamos al despacho de la doctora O'Sullivan. Nos ha pedido que la contactáramos según llegara, así que le está esperando.

En el rótulo de aquella puerta aparecía escrito Dra. Marion O´Sullivan.

Era una mujer de cabello rojizo recogido en una coleta. Su piel sin embargo no dejaba ver más que algunas escasas pecas dispersas, lo cual rompía con el mito de que todas las pelirrojas son intensamente pecosas.

Tras saludarme amistosamente y darme las gracias por mi atención al desplazarme hasta allí, me requirió:

—Mire, no se lo tome a mal, pero ¿podría identificarse? Debe comprender que...

—Por supuesto —la interrumpí.

—Le voy a contar lo que sabemos de su amigo —dijo tras examinar rápidamente mi documentación.

—¿Cómo se encuentra, por cierto? —me adelanté preocupado.

—Bueno, digamos que estable.

—¿Es grave lo que padece?

—Espere. Le contaré lo que ha sucedido. Verá. Hace dos semanas ingresó en el hospital el que luego hemos sabido que es su amigo. No recordaba nada en aquel momento. Estaba perdido y desorientado. Vestía ropa de deporte y traía consigo una mochila, pero no había documentación alguna entre sus pertenencias. Probablemente la perdió. En todos estos días no hemos sido capaces de que saliera de su estado de amnesia. Solo ayer pronunció su nombre. Nos dijo que contactáramos con usted y que era escritor. Lo siguiente ya lo conoce.

—Bueno. ¿Y cuál es su estado ahora?

—Mire, el señor Walterson es un misterio para nosotros. Aún no hemos sido capaces de descubrir qué es lo que padece. Tenemos una colección de síntomas, pero no mucho más.

—¡Ufff! —respondí—. Qué mala señal es que un médico te diga eso.

—Solo ha hablado para repetirnos que le localizáramos. Está obsesionado con eso. Quizá usted pueda conseguir más información. Sería muy importante para poder avanzar.

—Bien; en tal caso ¿puedo verle?

—Sí, desde luego, le acompañaré.

Cuando entré en la habitación, mi amigo se encontraba recostado sobre un almohadón. Su aspecto me impresionó. No era ese dechado de vitalidad que siempre había conocido sino que más parecía un cuerpo entregado y desplomado sobre la cama.

–Waltcie –le dije afectuosamente–. Aquí estoy, amigo.

Tuve que insistirle dos veces para que reaccionara. La mueca de una sonrisa apareció en aquel rostro demacrado y blanquecino. Parecía que no hubiera visto la luz en años. Estaba casi irreconocible.

Me ofreció su mano haciendo un notable esfuerzo para acercarla a la mía y quiso mostrar que me la apretaba, aunque la presión que noté fue poco más que la que hubiera ejercido sobre mí una pequeña libreta que me hubieran colocado encima.

En medio de aquella impotencia y falta de energía parecía tener prisa por decirme algo desde su desasosiego.

–Escúchame atentamente –me dijo.

–¿Cómo te encuentras? ¿Qué te ha pasado? –le corté interesado.

Hizo un gesto de desconcierto con la cara, pero enseguida insistió en decirme lo que le interesaba. Fue como si tuviera prisa por contarme algo, así que puse todo el empeño en mostrarle la mayor atención. «Quizá escuchándole –me había advertido la doctora– podamos conseguir alguna pista sobre lo que le ha sucedido que nos pueda orientar con el tratamiento».

–Es el punto blanco, Julián –me dijo–. Es el punto blanco.

–¿Qué punto blanco?

–Ese que veíamos tan lejano. Viene hacia mí a toda velocidad y no sé la causa, pero se ha fijado en mí y me persigue.

–¿Qué punto blanco, Waltcie?

–El del horizonte. ¿No te acuerdas? Bueno, da igual –continuó.

Me obligó a acercar mi oído a su boca para escuchar un débil susurro; me pareció entender algo así como:

–Viene desde el *Ecdon Point*. Es de allí de donde viene.

–¿Qué es el *Ecdon Point*? ¿Quién viene?

No me respondió sino que continuó agitado diciendo algo.

–Da igual. Lo importante es el manuscrito.

–¿Qué manuscrito?

–Mi mochila. Quédatela. Guar..., una carpeta, un cuaderno de notas en piel. Sujeta toda ella con cintas. Hay unas páginas escritas por mí entremezcladas. Léelo; es terrible.

–¿De qué manuscrito hablas?

–Och... ta... gán –arrastró las sílabas con esfuerzo como si pronunciarlas le consumiera energía.

–¿Qué es *Ochtagán*?

–Prométeme que lo publicarás. Es muy importante.

–Explícame algo más, Waltcie –le dije con todo el cariño–. ¿Por qué es tan importante? Dime dónde está el *Ecdon Point* al menos.

No hubo respuesta alguna. Para ese momento ya estaba derrengado.

Llamé a la doctora, que se había quedado fuera, y de inmediato se acercó a atenderlo.

–Su estado es muy delicado. Es como si algo consumiera su energía. Y sin embargo sus análisis y controles son normales. Es un misterio. Le estamos tratando, pero no conseguimos que responda y reaccione. Los equipos de enfermedades extrañas están investigando su caso. Se viene abajo sin que sepamos por qué.

Estaba muy confuso. Aquella situación había logrado ponerme nervioso. Todo aquello no era nada fácil de entender. Ver a mi amigo en aquella situación y con esas perspectivas resultaba muy doloroso.

Muchas más batas blancas entraron en la habitación agitadas y con prisas. Se llevaron a Waltcie en una camilla cargado de tubos.

Tres horas más tarde la cara de aquella doctora pelirroja volvió a aparecer, esta vez cabizbaja y desconcertada. No hizo falta que las palabras se cruzaran entre nosotros, simplemente las miradas se hablaron.

Fue lo último que supe de aquel entrañable amigo. Sus recuerdos se me agolparon descontrolados. Y una honda tristeza me invadió.

Aquella noche sus misteriosas palabras no dejaron de acompañarme.

¿Qué sería el manuscrito *Ochtagán*? ¿Y aquel *Ecdon Point* en el que tanto insistía? Lo del punto blanco ya lo tenía claro; sabía perfectamente que significaba que nos iba a dejar.

No solía beber casi nunca, pero esa noche pedí un whisky. Me senté a una mesa del acogedor *pub* perteneciente al hotel en el que había tomado una habitación. Puse aquella carpeta, que había extraído de la mochila de Waltcie, sobre la mesa. Era antigua y estaba cerrada con unas cintas como me habían dicho. La miré una y otra vez pero no me atreví a abrirla. No era el mejor momento.

Los recuerdos de mi amigo me ocupaban la mente. Todos ellos reflejaban su optimismo, actividad y energía. Esas cualidades eran inseparables de Waltcie. Fui yo, recordé, quien comenzó a llamarle así. Era una abreviatura afectuosa de su apellido, que es como se nos llamaba e identificaba en el *college*. Solo yo fui una excepción. Lo inusual de mi nombre y lo impronunciable de mi apellido me llevaron a ser conocido por mi nombre, Julián, aunque en ocasiones algún profesor más formal me llamaba Mr. Conde.

Había prometido que a la mañana siguiente volvería al hospital para entrevistarme de nuevo con la doctora O´Sullivan y así lo hice. La encontré algo abatida.

—Buenos días, doctora —saludé al entrar después de que su voz me diera permiso para acceder a su despacho.

–Buenos días, Mr. Conde –me respondió.

No pude evitar sonreír al recordar que me llamaba del mismo modo formal que aquel profesor del *college*. Le conté la anécdota y se la tomó con buen humor.

–La noto preocupada –le dije.

–Lo estoy –afirmó.

–¿Por alguna razón especial? Quiero decir que ustedes los médicos que trabajan en hospitales deben estar acostumbrados al fallecimiento de alguno de sus pacientes.

–Sí, pero no crea que es algo tan fácil. Y menos en este caso.

–Mmmmm. ¿Quiere contarme algo?

–Si le soy sincera no tengo muy claro qué poner en el acta de defunción. Entiéndame –me explicó ante mi cara de sorpresa–, técnicamente sé exactamente lo que escribiré, «fallo cardíaco», pero en el fondo...

–¿Qué sucede en el fondo?

–Mire, en el caso de Mr. Walterson todo ha sido muy confuso. Desde el modo en que llegó a St. John hasta su sintomatología, evolución y desenlace. No hemos sabido ninguno qué enfermedad tenía. Incluso su interés en que le contactáramos a usted es un misterio. Nunca mencionó a nadie de su familia. Por cierto, ¿tenía padres, hermanos, esposa, hijos, novia o alguien más con quien considere que debiéramos hablar?

–Francamente no lo sé. Fuimos muy amigos y manteníamos la amistad. Él era inglés y nunca conocí a su familia. No hablaba de ella. Últimamente tenía novia pero solo sé que se llamaba Caitlin. Sobre sus padres creo recordar que habían fallecido los dos y era hijo único. Procedía de una familia muy reducida pues tampoco sus padres tenían hermanos. Siempre contaba que le hubiera gustado pertenecer a una familia numerosa.

—Me gustaría poder localizar a alguien. Mire, no quiero crear ninguna complicación en torno a este asunto, pero...

—¿Pero?

—Pero me gustaría conseguir una autorización pactada para poder hacerle la autopsia a su amigo. Desde el punto de vista médico sería muy importante para poder investigar más a fondo las causas de la enfermedad que se lo llevó.

—Bueno, yo solo puedo ayudarle con lo que hemos comentado y así lo haré. Me temo que no podré servirle de mucho más. Ni siquiera llegué a conocer a Caitlin. Pero tal vez la Policía pueda hacerlo si abren una investigación.

—¡Ufff! —suspiró—, no sé si vale la pena abrir una investigación policial por tan solo una corazonada.

Y así quedó todo aquel asunto.

THE CAOIRIGH HISTORY
(LA HISTORIA DEL CARNERO)

En que Waltcie descubre las aristas y los peajes del sosiego en la vida

Entender la vida de los *caoirigh* resulta muy revelador para entender todo lo que viene después.

El *caoirigh* es una especie ovina. Un carnero. Dado su origen y vida en tierras de altas latitudes y frías, es capaz de producir en corto plazo de tiempo una espesa capa de lana con la que se envuelve. Es realmente valiosa y apreciada por su suavidad y tersura.

El rebaño agrupado puede dar sensación de poder tanto por lo numeroso como por la riqueza de su ampulosa vestimenta, pero es tan solo una falsa apariencia porque su verdadero ser es débil y acomodaticio. Únicamente le interesa la vida placentera; esa es su razón principal de ser. Por eso cuando se siente atacado se refugia en lo voluminoso conjunto del grupo. Pero sus enemigos han aprendido que es una falacia. Y también lo saben sus guardianes y propietarios.

Su avance es grupal y los ejemplares de *caoirigh* siempre se mueven por imitación, con la cabeza gacha y siguiendo las huellas de otro. Cuando dos toman un rumbo, siempre y cuando sea aceptable para sus vigilantes, los demás los siguen sin más. Así crean hábitos. Nadie se rebela, y si alguno se desvía o retrasa, más por pérdida que por rebeldía, sus guardianes se ocupan de advertírselo para que se reincorpore y siga con el resto.

Desde su nacimiento, los *caoirigh* son educados en la docilidad:

—Si te comportas bien, no creas problemas y sigues al rebaño, tendrás buena comida, cuidado y serás feliz —los aleccionan sus madres. Y enseguida comprueban por sí mismos que lo que les aconsejan es cierto.

*—El amo es bueno y generoso —*continúan diciéndoles*—. Sabe lo que necesitamos y nos lo proporciona. Él nos ofrece además protección; pero la mayor seguridad consiste en caminar siempre agrupados por el camino indicado.*

*—¿Y por qué no puedo ir con esos cachorros de cabra montés, que saltan de roca en roca y exploran las montañas? —*le pregunta una cría a su madre.

*—Qué cosas dices —*le responde sorprendida y sonriente la progenitora ante la ingenuidad*—. Nosotros somos diferentes. Somos más inteligentes y por eso llevamos una vida más confortable.*

La cría lo acepta con ovina expresión y pasa a otra cosa:

—¿Y quiénes son esos que gritan con aterradores sonidos, mami?

—Eso que hacen se llama ladrar. Ellos son los mastines y son nuestros guardianes. Son amigos y nos protegen frente a los enemigos y otros riesgos. Debes cuidarlos y obedecerlos siempre.

El mastín cercano, que escucha orgulloso aquella explicación hecha con la ternura con la que una madre se dirige a su cría para hacerle entender su propio ser y el sentido de su existencia, esboza un prudente y apacible rugido que tanto al hijo como a la madre *caoirigh* les suena amistoso.

—Cuando escuches que nos ladran con fiereza y vigor es que algo estamos haciendo mal o que algún peligro nos acecha. Sigue sus indicaciones; son buenas para ti. Y recuerda que un día deberás enseñar esto mismo que te digo a tus propias crías. Tenemos que conservar la inteligencia del

sistema, que nos hace superiores y nos permite vivir mejor que el resto de especies.

El mastín se tumbó entonces apacible y se acomodó preparándose para una de sus «duermevelas». La placidez de aquel soleado día invitaba especialmente a una siesta.

En sus sueños, el can se sintió importante y poderoso. Todos lo reconocían como fiero, aunque al tiempo protector, y eso le enorgullecía. Esa era precisamente su misión en la vida, la que sus padres le enseñaron. Sin ese respeto que se le profesaba, la paz estaría permanentemente asediada y alterada.

Sus órdenes eran cumplidas sin rechistar por sus protegidos y además tenía el poder de aterrorizar a los intrusos. Tan solo de cuando en cuando perdía su autonomía y el pastor le daba alguna indicación que él se apresuraba a cumplir. Porque otro rasgo indiscutible de su personalidad era la fidelidad y el cumplimiento del deber por encima de todo. Ambas cosas formaban parte de sus valores y nunca se permitiría traicionarlos o siquiera pensar en la menor desobediencia a quien le proporcionaba bienestar e incluso una dosis de reconocimiento y cariño. Sobre todo cuando el mastín asumía el papel de escolta del pastor y gozoso le ayudaba a realzar y adornar su figura y presencia.

El mastín es por tanto también devoto de su misión en la vida pues considera que ese es el designio que la naturaleza le ha encomendado. Y así educa a sus cachorros.

Entretanto, el pastor es la cabeza visible de todo el entramado. Él es quien decide y ve cómo su voluntad se va implantando en todos los extremos. Él es el líder porque consigue motivar y estimular a todos para que se esfuercen en cumplir sus designios y a la vez se sientan felices.

De ese modo es como logra la implicación de todos y a la vez satisface sus deseos, que son los de extraer la máxima productividad de la leche, la lana y la carne con la menor pérdida de tiempo y los menores costes.

Es por esa filosofía de vida por lo que los *caoirigh* se entregan uno tras otro y en fila india a ser esquilados sin rechistar. Se encomiendan felices a la fiesta del esquile a pesar de tener que sufrir el a veces doloroso rapado. Y también a pesar de que luego tengan que experimentar un frío atroz que les hace sentirse ateridos. ¿Pero, qué es un simple sacrificio comparado con todo el bienestar que se recibe?

Cuando, temblorosas, sus crías les preguntan por qué se dejan someter a semejante tortura, la respuesta es clara y contundente: «*Es nuestra misión en la vida. Tenemos que cumplirla y estar agradecidos a quienes nos ofrecen tanta paz y confort. Un poco de frío durante unos días y la renuncia temporal a una imagen gallarda es una compensación mínima*». En esos momentos, es el orgullo del ser quien se manifiesta.

De pronto, las sombras de la noche se iluminaron violentamente haciendo que las caras de los *caoirigh* brillaran como apariciones surgidas de entre fuegos fatuos. Y por si eso era poco, a continuación un restallido sonoro, seco y rotundo retumbó como un latigazo y atronó rebotando entre las rocosas montañas. La manada se apretó automáticamente buscando protección y el aterrorizado corderillo de repente comprendió los consejos que su madre le había dado. Entonces reconoció que la suya era una especie superior y sintió pánico solo con pensar en las cabras montesas que vivían en aquellas rocas atacadas con fiereza por la naturaleza. Así aprendió a valorar el hecho de ser miembro de aquella acogedora y pacífica comunidad.

Desde las sombras, el amo no se deja ver. Permanece en el anonimato promoviendo el sentido de la responsabilidad, la conciencia y el liderazgo en cadena. De ese modo consigue que todo siga en paz, mientras él se enriquece y mantiene su dominio. Ese es su propósito.

El auténticamente poderoso, desde su placentero lugar debe controlarlo todo, a ser posible sin la menor estridencia. Pero no dejará de recurrir a tomar las medidas que sean necesarias; o mejor dicho, hará que sean sus representantes quienes las adopten para él continuar en la posición más discreta posible asegurándose de que el orden siga estable.

Hay mucho que aprender de esta historia del *caoirigh*. Demuestra cómo uno consigue lo que desea haciendo que sus colaboradores realicen lo que, siendo preciso, él no hará. Él es el propietario de una moneda con sus dos caras y no dudará en usar uno u otro lado según le convenga.

La calma es estable en el sistema, salvo cuando surge una disputa entre dos amos y su ambición choca. Entonces la sosegada vida puede convertirse en una terrible pesadilla. Porque si los amos hacen acto de presencia y bajan al terreno, los mayores y más terribles dramas pueden acontecer.

Es entonces cuando «la cara oculta» de la moneda se deja ver mostrando su cruel rudeza.

Es el lenguaje universal de la fuerza que, expresa u oculta, todos entienden.

An dú shlán (el reto)

En que Waltcie cuenta cómo se vio involucrado en la mayor y más sorprendente historia de su vida

Como tantas otras veces en mi vida, fueron un cúmulo de casualidades inesperadas y enlazadas las que dieron conmigo en aquel recóndito y aislado lugar del que nunca antes había oído hablar.

Había sentido ese dolor crudo que se precipita sobre uno cuando se choca de bruces con el infortunio que surge de improviso. Ese dolor que se agudiza cuando una nimiedad entra en espiral creciente y descontrolado rumbo hasta convertirse en un conflicto incomprensible para la razón y la sensatez y que, una vez que toma vida propia, ya no hay modo de reconducir y apaciguar.

Debería haber tenido aprendido que en la vida, cuando todo marcha de forma estable y por camino satisfactorio, lo más probable es que algo comience inexorablemente a ir mal. Sin embargo nunca estamos prevenidos para el infortunio, y mucho menos reconocemos merecerlo.

Cuando las cosas marchan correctamente tendemos a proyectarlas hacia el futuro de forma lógica y sin tener en cuenta que la estupidez es un imponderable que aparece por sorpresa y con extraordinario vigor quebrándolo todo.

Así pues, sin quererlo ni desearlo, mis previsiones se habían desmoronado de golpe y casi en el último momento.

Mi relación de pareja me había acostumbrado a tener planes compartidos para las vacaciones, pero los acontecimientos se habían precipitado de forma inesperada y por primera vez en muchos años me encontraba sin nada organizado y con una cierta sensación de orfandad. Francamente, aquella amarga situación me había dejado descolocado y sin ganas de ir a ningún lado ni de estar acompañado por nadie.

Caitlin se había ido dejando solo un breve e incomprensible mensaje: *«Tengo que irme. Lo siento, mi amor. Adiós»*.

Estaba tan desganado y confuso que llegué a pensar que tal vez me encontraba al borde de ese grado de depresión que uno se niega a reconocer por parecerle una flaqueza inaceptable. Al mastín se le adiestra no para reconocer sus debilidades sino para superar las mayores adversidades. Y yo había sido mucho tiempo mastín en la vida.

Esa soledad inesperada fue una especie de zarpazo que en un primer momento me dejó algo atolondrado y desconcertado. Así estuve hasta que sentí que no me quedaba otro camino que el de convertir aquellos reveses en nuevas oportunidades. En medio de aquella turbulencia presentí que una gran transformación personal me haría salir de esa vida de comodidad a la que me había habituado.

La estabilidad prolongada siempre me había aburrido, así que en el fondo, y aunque estaba desconcertado, mi intuición se encontraba excitada ante la nueva etapa que se abría ante mí.

Quizá por eso algo me impulsó a desconectar con el pasado. Y no se me ocurrió nada mejor para superar aquel estado que acometer alguno de los retos que guardaba en el baúl de los deseos imposibles.

Llevaba años participando en carreras pedestres de larga distancia como aficionado. Dado que mi profesión me obligaba a llevar a cabo numerosos viajes y que era adicto a la práctica del deporte, me había dedicado a correr por ser una actividad sana, fácilmente realizable en cualquier parte y sencilla en cuanto a equipamiento. Además, no consume mucho tiempo; con una hora basta y puede llevarse a cabo en cualquier lugar y situación.

Había practicado también ciclismo, pero resultaba demasiado exigente en tiempo y recursos para un viajero frecuente. Había probado también con el gimnasio, pero me encontraba mucho más a gusto fuera de ámbitos cerrados.

El aire libre era algo que mi naturaleza necesitaba, así que el *running* era ideal para una persona como yo, ocupada y entregada a su profesión.

Reconozco que, afortunadamente, la ilusión forma parte de mi intimidad vital y que cuando la detecto en algún proyecto, personal o profesional, me entrego con pasión. Tal vez eso es a lo que llaman vitalidad, que no deja de ser un cuchillo de doble filo, porque si se me quiere demoler interiormente no hay nada más eficaz que rodearme de lo anodino, repetitivo o paralizante. Las personas así somos incapaces de soportar la falta de inquietud y, cuando esto sucede, el coraje y la rebeldía se nos activan de forma descontrolada.

Para ser sincero, mi mundo profesional eran las dificultades y los conflictos; ni lo fácil ni lo sosegado o apacible formaban parte habitual de mi entorno natural.

Supongo que por estas razones y de sopetón me sobrevino la idea de acometer un nuevo reto. Recorrería Irlanda por la costa. Pero no lo haría en moto, ni en automóvil ni en transporte público; ni siquiera en ningún tipo de artilugio o caminando. ¡Lo haría corriendo! Era una idea alocada, pero precisamente por eso me atraía.

Aunque mi forma física se había resentido algo en los últimos tiempos como consecuencia de la desgana sobrevenida tras la situación vivida, aún estaba en bastante buenas condiciones y el hecho de llevar a cabo aquel reto sin duda me devolvería la ilusión, así que aprovecharía el tiempo que restaba hasta el momento del inicio del viaje para acometer un plan de entrenamiento que me permitiera llevar a cabo el proyecto con garantías de éxito.

Busqué mapas, tracé alternativas, establecí etapas de en torno a los quince o veinte kilómetros diarios y localicé lugares posibles en los que alojarme. En definitiva, concentré el tiempo libre que me dejaba mi trabajo en preparar los detalles logísticos de aquella aventura. Y me sentí ilusionado con el proyecto.

Otra de las reglas sería que eludiría en lo posible las ciudades y escogería las rutas más rurales y próximas a la costa. Afortunadamente, la amplísima red de tradicionales *B&B*, tan extendida entre las familias de aquellas culturas como modo de conseguir unos ingresos extra, me facilitó enormemente las opciones de alojamiento.

Antes que el reto deportivo me puse otro objetivo prioritario, que era el de disfrutar y dejar que un nuevo mundo se abriera frente a mí. Si por alguna razón deseaba permanecer por más tiempo en algún lugar, lo haría sin dudarlo. Y si una etapa diaria era inferior a lo marcado *a priori* o no me apetecía hacerla, tampoco pasaría nada. Si no me encontraba con ánimo de correr pues caminaría, y si no descansaría en algún momento. Conociendo mi carácter disciplinado y mi espíritu de superación, eso resultaría un reto aún mayor. Quería, y tenía que aprender a hacerlo, disfrutar de mi libertad.

Decidí comenzar en Westport, la hermosa villa a la que podía acceder inicialmente por ferrocarril. Desde ese punto ascendería por la costa oeste hacia el norte. Aquella era una zona menos turística que el sur y por tanto con menos aglomeraciones.

Además, de ese modo, según fuera ascendiendo hacia zonas más norteñas, el verano iría avanzando y presumiblemente las temperaturas se irían moderando, lo cual sería de agradecer. Tomé la arriesgada decisión de no hacer reservas más allá del primer día y el resto con antelación no mayor a un día para evitarme la presión de tener que alcanzar un punto exacto de llegada. Eso reforzaría, además del sentimiento de aventura, mi objetivo de disfrutar. Prefería asumir otros riesgos antes que ver truncado el éxito de mi aventura por tener que forzar en alguna etapa en la que, por alguna de esas razones misteriosas que a veces acechan al deportista, el cuerpo no responde como normalmente suele.

Y así me vi envuelto en lo que hasta ese momento había sido un sueño abandonado, una ilusión que se hallaba oculta en lo más profundo del baúl de los imposibles. Ese baúl se abrió y su contenido estalló con inmensa energía cuando llegó el día de arrancar. Llevaba un equipaje tan mínimo como liviano que me permitiera disponer de lo imprescindible y soportar su transporte durante la exigente actividad que pretendía llevar a cabo. Coloqué aquella minimochila sobre mi espalda con tanta emoción como –por qué no decirlo– inquietud.

DE BHRÍ AN COMHAIRLE
(COMIENZA LA AVENTURA)

En que Waltcie conoce la leyenda de Ecdon Point

A aquella aldea se llegaba por una carretera escabrosa y estrecha al máximo con firme de grija mínimamente asfaltado que desembocando en una estrecha calleja daba entrada a la docena de casas que conformaban el lugar. Al entrar por ella mis pasos claquetearon sobre las piedras del empedrado, cuyo eco creaba un ambiente casi misterioso.

Por mínima que sea una población, en Irlanda siempre existe un *pub* que viene a ser el eje de todas las relaciones. Para quien, como yo, buscaba un lugar donde dormir, aquel era el lugar idóneo para conseguir la información que necesitaba.

La *Finscéal Ecdon Point* (la leyenda de *Ecdon Point*), como edificio era notable y el mayor de la zona, si bien el espacio destinado a *pub* era pequeño y rezumaba una historia más que centenaria, lo que le daba un aspecto sencillo pero acogedor. La pinta de cerveza tostada me supo a gloria tras el esfuerzo que había llevado a cabo.

Después de la primera pinta le pregunté al dueño sobre un posible alojamiento y él me hizo una seña en dirección a la mesa en la que un anciano fumaba con calma su humeante pipa mientras su mirada se mantenía fija en el vaso, más que mediado, que tenía frente a él.

Al acercarme con intención de preguntarle, con una amable invitación me indicó que me sentara a su mesa.

—No se ven muchos *eachtrannaigh* (foráneos) por esta zona —me dijo.

Así comenzamos nuestra conversación. Se mostró interesado tanto por mis propósitos como por el recorrido que llevaba y la razón que me había empujado a ir hasta allí. De todo eso charlamos mientras tomamos otro par de pintas de cerveza tostada.

—Si lo desea, puede usted alojarse en mi granja. No está demasiado lejos de aquí —me propuso cuando pareció tomar cierta confianza.

Acepté encantado.

—¿Así que dice usted que ha llegado hasta aquí por pura casualidad? —me repitió.

—Sí —respondí—. No me diga cómo ni por qué tomé esta ruta. La única razón es que era la más próxima a la costa. Y —añadí— me alegro de haber venido hasta un lugar tan desconocido.

—Bueno, la leyenda nos dice que tanto *tosaités* (iniciandos) como *múinteoirs* (maestros) llegarán de las más diversas formas —concluyó, y su curtido rostro dirigió una perdida mirada hacia una puerta interior del *pub*, al tiempo que consumía el último resto de cerveza que le quedaba.

No entendí nada de lo que me decía ni a qué se refería pero, como le vi así de ensimismado, tampoco quise insistir y supuse que podrían ser unas palabras descoordinadas resultado de la combinación de demasiada edad con mucha cerveza.

Cuando nos despedimos y me acerqué a abrir la puerta de salida para ir hacia su granja observé que sobre la otra puerta, a la que tanta atención había prestado mi compañero, había un octógono grabado en madera que a simple vista denotaba ser una hermosa y auténtica antigüedad. Pero tampoco me detuve a reparar en más detalles. Solo aprecié que se trataba de una puerta de madera, gruesa y soberbia, sin duda de manufactura artesanal y antiquísima.

La casa en la que me alojaría era una de esas aisladas granjas tan características de aquellas zonas. No estaba a más de dos kilómetros del pueblo y fuimos caminando, acompañados por un pastor irlandés que se nos unió cariñoso y encantado, cuando ya el atardecer comenzaba a apagar las luces del día. Estaba situada en un enclave privilegiado.

No charlamos nada entre nosotros durante el trayecto. Parecía tan absorto en su pipa y sus pensamientos como yo en los míos. No quise molestarle cuando escuché que tarareaba lo que debía ser una canción tradicional de cuya letra solo llegué a entender: *An finscéal Ecdon Point* (la leyenda de *Ecdon Point)*, que repetía insistentemente en el estribillo.

Era una noche negra y densa para las fechas en que nos encontrábamos y el rugido de los acantilados al chocar del oleaje envolvía la atmósfera. Desde la ventana de mi habitación se podía ver tintinear tanto la concentración de luces de las poco más de doce o quince casas que constituían el pueblo como las otras lejanas de granjas dispersas entre los diversos parajes.

Desde aquella atalaya en la que me encontraba pude distinguir que el pueblo conformaba con todo su conjunto de casas un espacio de férrea fortaleza.

Dejé vagar mis pensamientos sin rumbo y esa especie de calma placentera que a veces sobreviene llenó mi mente. No sé el tiempo que estuve así hasta que llamó mi atención una especie de fulgor destellante y rojizo que provenía de lo alto de la colina.

Al retirarme a dormir me sorprendí susurrando el pegadizo estribillo que había escuchado: *An fiscéal Ecdon Point...* *An fiscéal Ecdon Point.*

Luego me dormí placenteramente.

Aquella colina parecía reclamarme, así que tras el suculento desayuno decidí que mi trote diario se enfilaría siguiendo la trocha que bordeaba los acantilados para luego ascender hasta aquel vértice, desde el que debía vislumbrarse un paisaje maravilloso.

No tenía obligación de ir hacia ningún otro sitio, por lo que decidí explorar más aquella zona y repetir estancia en aquel sencillo alojamiento.

El anciano, al escuchar mi propuesta aceptó gustoso y salió de la casa cantando: *Tiocfaidh tionscnaimh agus múinteoirí indiaidh ochtagáin* (iniciandos y maestros vendrán tras *Ochtagán*). *An finscéal Ecdon Point* (la leyenda de *Ecdon Point*).

Al acercarme al borde pude ver como una pequeña lancha era empujada por dos hombres y arribaba a la playa procedente de aquellas aguas bravías. Reconocí a uno de ellos. Era el dueño de la granja en que me alojaba.

Fue unos minutos después cuando por vez primera vi aquella silueta envuelta en una capa, que ascendía zigzagueante colina arriba hacia el picacho. Tenía un aspecto encorvado, aunque su ritmo parecía firme.

Esa tarde-noche volví a visitar el *pub*. Fuera de la magnífica e impresionante naturaleza, beber, fumar y conversar eran las únicas diversiones en la aldea.

Había bastantes personas allí reunidas y tuve la sensación de que se había corrido la voz de que alguien nuevo había llegado y querían ponerme cara.

Saludé amistosamente y fui hacia el anciano de la primera noche. Le ofrecí una nueva pinta que aceptó con agrado y dio una larga y sonora chupada a su pipa. Otro de ellos se acercó, luego otro y otro más. Me di cuenta de que aquellas gentes encadenadas a una vida solitaria agradecían, a pesar de sus inicialmente serios semblantes, la visita de un forastero.

Tras un rato de conversación intrascendente, comenté que la noche anterior había observado un extraño fenómeno luminoso sobre la colina.

—¿En el *Ecdon Point*? —susurró el anciano—. Esta es una tierra misteriosa. Quizá los *elves* (duendes) celebraban anoche alguno de sus encuentros. O quizá ya han comenzado las infernales celebraciones previas al *Ochtagán Day* que los reúne ante el *altóir na gecoimirce* (altar de los auspicios).

—¿Qué altar es ese?

No me respondió y continuó.

—Salen de sus cuevas y escondrijos para arropar a los *tionscanta* (iniciados) que escuchan la palabra de *an meantóir mor* (el gran mentor) que los adiestra en *olc na cumhachta* (la maldad del poder).

Estas palabras salieron de aquella boca pronunciadas lentamente, de modo solemne y al tiempo con el aire dramático de quien no parece atreverse a expresar con nitidez lo que da la impresión de ser un terrible secreto.

Los otros cuatro compañeros de mesa asentían y parecían tomar muy en serio todo aquello. Todos hacían humear sus pipas con intensidad.

No tuve claro si aquel *lá ochtagán* (día del octógono) tenía algo que ver con el octógono grabado sobre aquella puerta del *pub*, y si al preguntar estaba haciendo algo incorrecto o entrometiéndome donde no debía, pero solo fui respondido con un extraño:

—Solo él decide cuándo se celebra el *Ochtagán* —y continuó su comentario envuelto entre el humo—. Los *goblins* (duendes) —prosiguió— se muestran simpáticos, pero a veces, detrás de la aparente y bondadosa ingenuidad, se oculta la perfidia más genuina y sofisticada.

Cuando ya de noche regresé a la granja, primero los empedrados y luego el sendero parecían observarme. Supuse que era el viento quien producía una especie de chirrido que podía perfectamente asimilarse a histéricas risotadas extremadamente agudas que llegaron a ponerme nervioso. Aceleré el paso para alcanzar la casa cuanto antes.

Miré hacia la colina y otra vez estaba allí la rojiza y misteriosa luminaria, como en la noche anterior.

¿La leyenda de *Ecdon Point*? Creí sinceramente que aquella era una de esas numerosas leyendas tradicionales entre gentes que matan su escaso tiempo libre en aquellas duras tierras contando imaginativas historias.

Aquella noche desde mi ventana contemplé nuevamente el haz luminoso sobre la colina. Y decidí que aquel misterio debía tener alguna explicación que quería conocer. Así que pasaría algunos días más allí.

Con ese propósito me fui a conciliar el sueño que ya me vencía.

En mis sueños recordé el estribillo que cantaba el anciano: *An fiscéal Ecdon Point... An fiscéal Ecdon Point.*

Tierras verdes,
tierras misteriosas
en cuyas cuevas y escondrijos
se refugian los duendes
vasallos del Gran Mentor
de quien los iniciantes
la maldad del poder aprenden
en el altar de los auspicios.
Es la llamada Ochtagán
Y el secreto de Ecdon Point,
el secreto de Ecdon Point.

AN TEARMANN (EL SANTUARIO)

En el que Waltcie cuenta la aparición de unas misteriosas señales

Cuando me desperté aquel amanecer estaba cansado. Pensé que aquellos sueños sobre la leyenda de *Ecdon Point* habían seguido procesándose en mi mente subconsciente.

Decidí salir a realizar mi kilometraje diario a través de la senda ribereña con los acantilados. Hacía un día nublado pero magnífico, de esos que los *runners* firmaríamos por poder disfrutar siempre.

En aquel entorno era como si dos mares se empeñaran en descargar uno contra el otro toda su furia y llevaran así siglos sin conseguir ninguno imponerse a su oponente. Así de terribles eran las corrientes y el estruendo que provocaban las inmensas olas al estamponarse contra aquellos impertérritos y rocosos acantilados que mostraban agresivamente unas aristas afiladas como cuchillas. Cualquier navegante que cayera por aquellos alrededores debería inevitablemente sentir un pánico cerval.

Fue entonces cuando vi su lejana silueta. Estaba en lo más alto del promontorio que se eleva sobre los acantilados. Se encontraba precisamente en el entorno de donde procedía la misteriosa luminosidad de extraordinario colorido que había visto las noches anteriores y que había atraído irresistiblemente mi mirada. Me propuse explorar aquella colina.

Debo reconocer que esa visión hizo que mi atracción por conocer aquel paraje fuera aún mayor.

A pesar de lo píndio del trazado, mantuve un costoso y esforzado ritmo de trote lento por la sinuosa trocha.

Al llegar arriba y superar el arbolado de la cumbre me topé con unas enormes piedras puntiagudas. Estaban colocadas de pie, como si hubieran sido clavadas. A pesar de su gigantesco tamaño, conformaban un espacio en medio del cual otras lajas tumbadas servían de piso.

En el centro de todo aquel enlosado portento se encontraban unas piedras rojizas, alisadas hasta casi parecer pulidas. En medio, otra negra redonda parecía ocupar un espacio protagonista y simbólico.

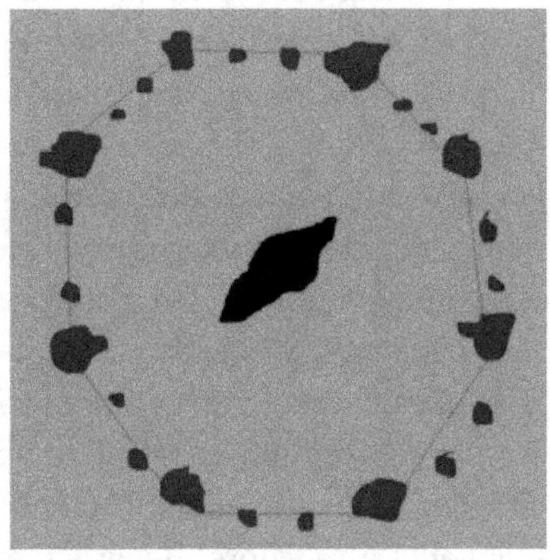

Todo aquel conjunto recordaba un oráculo y me vino a la mente el *altóir na gecoimirce* (altar de los auspicios) al que se había referido el anciano.

Contemplando, sudoroso y asombrado, aquel recinto desde el espacio interior fue cuando me di cuenta de que esa construcción majestuosa tenía formato octogonal.

¿Estaba ante el *altóir na gecoimirce* (altar de los auspicios) dentro del *an t-oracagán ochtagán* (el oráculo del octógono)?, pensé sin poder evitar que una vez más me asaltara el recuerdo del símbolo antiquísimo de madera esculpido sobre la misteriosa puerta interior del *pub*.

Aquel entorno tenía que haber sido construido sin duda de forma premeditada para darle una estructura tan singular y precisa.

Las moles de piedra mayores dibujaban un octógono perfecto mientras que otras de menor tonelaje cerraban los contornos entre las primeras.

Observé detenidamente el círculo central de piedras enlosadas, también de inmenso formato creando un octógono. Mostraba un suelo pulido por el uso. Y en medio de esa superficie, una sola piedra, que sin duda había sido escogida por su peculiaridad que entremezclaba grises blanquecinos con amarillos rojizos y un punto del tamaño de un palmo de color negro azabache.

Si todo aquel conjunto había sido creado por seres humanos conformaba un misterio inexplicable el modo en que fue llevado a cabo. Sin duda alguna quienes lo construyeron debían disponer de ingeniosos conocimientos de ingeniería y gran dotación de mano de obra. Y si era simplemente un capricho de la naturaleza daba la impresión de obedecer al empeño por enviar una plegaria al firmamento.

De todos modos, allí estaban, probablemente desde hacía miles de años. Fuera como fuera el hecho es que me encontraba ante algo tan imponente como difícil de explicar.

Esa noche dibujé un croquis en mi libreta de viaje.

Esa tarde, el *pub* estaba especialmente animado. Algunos de los vecinos habían llevado sus instrumentos y sonaban ritmos tradicionales construidos con guitarras, violines, armónicas y elementos de percusión.

Durante mi ya habitual estancia en el *pub*, hice una referencia indirecta a la colina de los acantilados y me quedé muy sorprendido de que en ningún momento nadie hiciera referencia alguna a aquella construcción.

Mi anciano amigo se unió al grupo de músicos y haciendo un gesto comenzó, con su ronca y poderosa voz, una melodiosa canción cuyo estribillo todos corearon.

Parecía como si nadie hubiera escuchado o querido escuchar mis comentarios. Era imposible que les fuera desconocido algo de tal grado de majestuosidad, que sin duda debería constituir el eje de atracción de aquella comarca.

Consciente de que las personas acostumbradas a vivir en parajes retirados no son muy amantes de que se vaya a distorsionar su quietud, pensé que preferían mantenerlo oculto. «Así ha estado durante quién sabe cuántos milenios y así debe seguir estando» me contestarían probablemente si les insistiera. Las mentes de los montañeses tienen muchas aristas ocultas y sus comportamientos pueden parecer muy raros y extravagantes.

Solo mi anciano compañero volvió en un momento a intervenir:

–Tal vez el *Ochtagán* (el día del octógono) se esté aproximando. Nuestros abuelos vivieron un hecho así y sus bisabuelos también. ¿Por qué no hemos de ser nosotros otra generación elegida? La leyenda dice que el alma de *Ecdon* permanece oculta entre las cavernas de los acantilados y las roquedales de la montaña. Y que sus manifestaciones llegarán de forma inesperada. Así nos lo contaron nuestros ancianos y así lo hemos de contar nosotros.

La cosa había adquirido tal solemnidad y un cariz tan trascendente que me pareció imprudente de todo punto hacer indagaciones o pedir opiniones.

«Me temo –pensé– que las explicaciones que me gustaría conocer van a quedar en las tinieblas del misterio, al igual que la imponente construcción que he descubierto».

Ya en mi humilde alojamiento, el sueño empezó a envolverme como las nieblas que pegadas a los acantilados comenzaban a invadir el paisaje. Y con el envoltorio de las nubes los fuegos luminosos que vislumbraba tomaban un reflejo especialmente singular y atractivo.

An fiscéal Ecdon Point... An fiscéal Ecdon Point.

AN FLAGMHÁIL (El contacto)

En que Waltcie descubre al guardián

Iba bien abrigado y con una larga capa chubasquero que me protegía de la llovizna cuando en plena noche salí a caminar con el propósito de alcanzar aquel techo de la colina de donde procedían los haces de luz rojiza. La luna llena se esforzaba en traspasar aquella barrera de niebla creando una atmósfera especial y la humedad embadurnaba mi rostro mientras caminaba senda arriba.

Al acercarme al arbolado me volví a mirar hacia el pueblo. No se veía ninguna luz encendida, ningún destello ni signo de vida. Allí el dominio lo tenían los estruendosos acantilados.

Unas incipientes florecillas rojas empezaron a aparecer en los bordes de la estrecha senda. Eran pequeñas y parecían iluminadas quizá por el juego de la luz que recibían de la luna y la capa de húmeda niebla que las envolvía.

Por fin llegué frente a la mata boscosa.

Observando el ambiente desde allí, entre el rugido de aquel mar embravecido y empeñado en golpear la ruda roca de aquellos acantilados, me di cuenta de que ya se me había evaporado la tensión emocional con la que había comenzado aquel viaje. Incluso se me había diluido aquella sospecha interna de que el viaje era el modo que mi inquietud había encontrado para amordazar el sentimiento interno de tristeza, distrayéndolo.

Sin siquiera sospecharlo, ni por supuesto proponérmelo, en pocos días mi sensibilidad había mudado atraída por la misteriosa luminosidad.

Nada más adentrar mis pasos en la zona boscosa percibí que un nuevo sonido aparecía en el ambiente. Era una especie de griterío débil, aunque agudo y chillón, que pensé que se debía al jugueteo siempre aleatorio del viento contra los ramajes.

Conforme avanzaba lentamente por la tortuosa senda serpenteante y oscura entre el arbolado, aquel sonido fue tomando intensidad, lo cual sorprendía.

Mis pasos finales me condujeron a la espaciosa esplanada, tan burda como fastuosa, que esa misma mañana había visto.

Desde ahí comprobé que aquella enrojecida luminosidad adquiría densa intensidad en medio de una bruma creada por las salpicaduras del mar en su constante trabajo contra los recios y rocosos acantilados.

Me paré a observar aquel misterio. El intenso colorido salía de la pradera y rebotaba en la piedra formando el haz de luz.

Observé la construcción e intuí algo extraño y nuevo respecto al día anterior. Y algo instintivo me empujó a mantenerme allí apostado.

Al poco noté un ligero movimiento en el centro del octógono. Fue como una sombra desdibujada que llamó mi atención. Me moví unos pasos para ampliar mi rango de visión.

La imagen del que aparentaba ser un fornido anciano impresionaba en aquel paraje. Estaba envuelto en una recia capa de *tweed* rojo granate y negro que le cubría totalmente. Aquel recorte iluminado contrastaba con el negro horizonte que formaban cielo y mar entre la bruma.

Miles de aquellas pequeñas florecillas rojas tan peculiares que crecían en ese entorno destellaban con una luz rojiza que les hacía parecer singulares luciérnagas. Probablemente la energía que recogían durante el día la devolvían al firmamento en las noches de luna llena.

Todo aquello le daba a aquel lugar un aspecto tan misterioso como imponente.

Aquel debía ser el guardián de la leyenda de *Ecdon Point*. Fue lo primero que, sin razón alguna para ello, me vino al pensamiento. A pesar de ser fornido, el anciano estaba encorvado, no solo por su edad sino por hallarse recogido como si estuviera concentrado en sí mismo.

Yo miraba a hurtadillas y ensimismado. Era lo último que pensaba haberme encontrado en aquel paraje solitario de lo más alto de la colina y en una noche de luna llena con la marea alta.

—¿Qué haces ahí? —me sorprendió una voz fuerte que no llegué a saber de dónde provenía.

Mi primer impulso fue esconderme más tras el tronco de uno de aquellos magníficos árboles centenarios.

—¿Qué temes que tanto te ocultas? —volvió a resonar.

Miré a mi alrededor por si alguien me estaba vigilando en las proximidades, pero no vi a nadie. No sabía si era a mí a quien se dirigía.

—¿Por qué vigilas sinuoso lo que hace la claridad?

¿Cómo podía resonar con tantísimo volumen la voz de un hombre en esas condiciones?

Todo aquello no tenía ningún sentido. Yo no tenía nada que ocultar ni había hecho mal alguno; sin embargo, esos reproches me hacían sentir confuso respecto a cuál podría ser su actitud.

Tras unos primeros instantes decidí erguirme y pregunté, con la mayor contundencia de que mi garganta fue capaz:

—¿Es a mí a quien os dirigís?

—¿Quién eres y qué deseas?

Aguardé sigiloso.

—Pasa y da la cara. Ven hacia el centro.

¿Por qué dejarme ver podía suponer algún peligro? «¿Y si no son más que imaginaciones mías?» pensé.

Caminé lenta y cautelosamente hacia donde se erigía la encorvada figura.

—Basta —escuché que me decía aquella voz grave cuando llegué a cierto punto—. Asume la posición de *bunleibhéal* (iniciante).

«¿Qué iniciante?», estuve por decirle. Si yo solo pasaba por ahí atraído por el fenómeno luminoso. Pero él cortó de raíz mis pensamientos.

—¿Acaso crees que el hecho de que te encuentres aquí es casual? —me dijo—. ¿Crees que tu destino está en tus manos?

No entendía nada de todo aquello ni podía verle la cara, pues además de estar oculta por la enorme capucha, él se encontraba girado en contra mía.

Se situó sobre el punto negro del octógono. Allí se acomodó, agachó la cabeza y se quedó mirando fijamente hacia un pequeño recinto formado por cuatro troncos que encerraban el fuego de una hoguera. Una vez así se concentró e hizo una especie de respetuosa reverencia ante las llamas.

Un par de minutos más tarde comenzó a hablar.

Su voz se escuchaba templada y era tan acogedora que cautivaba. Su expresión tenía un ritmo perfecto, ni acelerado ni lento, que envolvía con el amoroso abrazo de la calma.

No hablaba para nadie, o al menos esa era la impresión que se percibía, sino que más bien su verbo se dirigía a ese firmamento tan negro como infinito que daba la impresión de estar directamente conectado con el *an mistéireach níos faide,* el misterioso «más allá».

Los luminarios naturales frente a los que se sentaba lo situaban entre luces y sombras, lo que aún daba un aspecto más misterioso a todo el cuadro. Entonces comenzó a hablar como si se dirigiera a un colectivo que a mí, por mi posición, me resultaba invisible.

—Debéis saber que la realidad es mucho más inmensa de lo que suponéis y que su perfil tiene innumerables aristas y siluetas. Porque la realidad no es más que una falacia que compone vuestro cerebro. Él no es vosotros sino un tercero que os domina, alguien ajeno con quien podéis relacionaros. Solo cuando tengáis conciencia de que sois seres unidos pero distintos, podréis liberaros de la coraza y ser vuestros propios dueños.

»Mirad esos puntos de luz —dijo dirigiéndose a las luminosas florecillas—. Ahora vuestro cerebro os dice que son blancas y esta mañana os dijo que eran rojizas. ¿Pero en realidad qué son? Solo sabéis lo que vuestro cerebro os dice. Y de ese modo se apropia de vosotros.

»Las personas preferimos creer que nuestro cerebro y nosotros somos uno porque es mucho más cómodo, y esas son las reglas en las que nos hemos educado y con las que nos han enseñado a desenvolvernos. Pero la realidad es otra y puede ser la que vosotros queráis que sea.

»Conversad con vuestro cerebro. Obligadle a que como mínimo os trate como a un igual, e incluso sobreponeos a él y que sea vuestro ser real quien se adueñe de vuestra mente. Solo desde ese día podréis consideraros realmente dueños de vuestro destino.

Aquellas palabras no dejaban impávido. Producían una sensación de entre pánico y alegría.

—¿Cómo podéis ganar esa batalla? Pues lo primero tomando distancia. Haciéndoos saber que sois alguien distinto que puede ser superior al cerebro que portáis. De ese modo os adentraréis en una nueva relación en la que surgirá ese otro yo vuestro que se esconde en lo desconocido y que puede llevaros hasta un nuevo infinito.

»Los parámetros en los que os movéis son exactamente iguales a los de millones de individuos que habitan en el mundo, pero eso no significa que sean los únicos. Existen otros fuera de la masa. Y esos que podéis construir son los que os harán ser diferentes, estar por encima, si sabéis elegirlos, y conseguir el éxito.

¿Qué quería decir con aquello tan misterioso, tanto en la forma como en el fondo?

Supuse que aquella debía ser la primera lección que daba a sus iniciandos.

Con estas frases comienza lo que tiempo después descubriría que era el manuscrito *Ochtagán*.

AN LITIR ROIMHE SEO
(La carta previa)

En que Waltcie me pide que intervenga

Justo antes de la primera página del manuscrito encontré, en un sobre cerrado dirigido a mí, la siguiente carta:

Mi querido amigo Julián,

En este momento en que me encuentro con lucidez plena y ante el temor de que no nos sea posible encontrarnos por última vez antes de mi viaje, quiero dejarte esta carta que espero te ayude a entender por qué te mandaré llamar. Desearía que de este modo pudieras comprender mejor lo que te lego y las razones que me impulsan a dejarte esta encomienda.

No me queda ya nadie próximo con quien me unan lazos de sangre. A ellos los tuve cerca en su momento, pero solo tú me has entendido. Siempre hemos hablado abiertamente y compartido –tú también– secretos y vivencias que nadie más conoce. Es algo natural a la evolución de la vida, pues el vínculo de la sangre nunca desaparece, pero las relaciones se debilitan o la vida se lleva a los seres queridos, mientras que la amistad crece y se hace cada vez más valiosa e indispensable.

La vida y las obligaciones familiares no siempre hacen buena pareja. Un amigo, sin embargo, un buen amigo, es diferente. Familia y amistad son compatibles, pero con el amigo existen menos prejuicios.

Por eso, y porque nos conocemos desde la niñez, he querido que seas tú quien venga a verme para confiarte lo que es un secreto que viví en forma de extraña aventura. Además, y por si fuera poco, tu profesión de escritor te hace especialmente idóneo.

Sé que creerás lo que cuento, que no lo considerarás la fantasía de una mente desorientada o abatida.

¿Sabes lo que es el vértigo? Sé que alguna vez lo has sentido porque hemos hablado de ello. Pues ese es el modo en que me encuentro después de haber vivido las historias de este extraño derrotero en el que me vi envuelto.

No sé si esto te sonará a despedida precipitada. Francamente no quisiera que lo fuera, pero tampoco tengo garantía de que no lo vaya a ser. Así de raro me encuentro.

Te escribo estas líneas, querido y entrañable amigo, porque algo increíble, extraño, descontrolado y anacrónico se ha apoderado de mí y necesito sincerarme con alguien que me ofrezca su confianza y una valiosa inteligencia.

La vida te dota de una energía creciente y estimulante que surge en la niñez; en la adolescencia y en la juventud se va aprendiendo a canalizarla, y finalmente en la madurez ella te permite autonomía e independencia. Ambos conocemos bien nuestra evolución personal, porque la hemos vivido cerca el uno del otro.

Todo el progreso personal y creciente consiste, si el físico y la mente lo permiten, en construir estímulos que orienten tu vida y canalicen tus esfuerzos.

Son las ilusiones las que marcan tu rumbo primero y luego ayudan a tus descendientes a prepararse frente a los giros de la vida, que no es más que una infinita sucesión de hechos sustanciales que baten el ser.

En un momento sientes que la curva de tu crecimiento se estabiliza y anquilosa, y que tanto la trascendencia de tu progreso como la ayuda que les prestabas a quienes te siguen decae. Ese instante te sobreviene por sorpresa y te crea confusión y tristeza. Notas cómo empiezas a necesitar cuidados que hasta ese momento no precisabas. Entonces tu mirada se vuelve hacia quienes te suceden, hacia aquellos a quienes procuraste dar lo mejor de ti porque reclamaban tu ayuda. Ellos, para ese momento ya han logrado su independencia.

Una bruma de perplejidad te envuelve entonces y descubres que tu rumbo ya no se muestra tan nítido y claro.

Vuelves la mirada hacia atrás y ves que todo ha cambiado. Y te sientes algo naúfrago, lo que nunca antes fuiste, cuando tus energías, ideas y entusiasmo te empujaban al logro de nuevas metas.

Aún te queda memoria y es la hora de trazar unas líneas que dejen testimonio escrito de lo que ha sido tu recorrido en la vida.

Esto que te escribo suele llegar más tarde, con la vejez, pero no me digas por qué yo siento que a mí se me está acercando el momento a destiempo y precipitadamente. Espero que el aviso que he decidido enviarte te llegue a tiempo y podamos vernos.

¿Quizá por última vez? No lo sé, pero algo raro barrunto. En todo caso quiero que todos estos viejos papeles, y otros míos recientes que he intercalado entre ellos, lleguen a tu poder, porque tú sabrás lo que hay que hacer con ellos. A mí lo que contienen me dejó confuso y desorientado. Espero que a ti no te suceda lo mismo.

Y si por un milagroso capricho de la naturaleza mi energía retornara, podremos hacer juntos el apasionante y extraño camino de dar a conocer el misterioso manuscrito Octhtagán. Lo que más me aterra de él es que su mensaje es actual, como tú mismo comprobarás, y que no se trata de algo recóndito sino de un secreto que pervive y persiste.

SEGUNDA PARTE

LÁMHSCEÍBHINN OCHTAGÁN (EL MANUSCRITO OCHTAGÁN)

En que Waltcie introduce el manuscrito Ochtagán

«El borrego persigue el pienso como el burro la zanahoria.
Detrás de un borrego van todos,
pero es el mastín el que manda
siguiendo las indicaciones del pastor
que obedece las instrucciones del dueño, que es quien
acumula el beneficio».

Os relato a continuación las primeras palabras que se me quedaron grabadas de aquel ser. Si algo deja claro en la historia es que unos pocos siempre han vivido a costa del resto, y que esta masa manipulada ha sido la carne de cañón usada por los poderosos sin escrúpulos para dominar desde la más incógnita de las sombras.

¿Cómo lo consiguen? Esto fue lo que escuché de su boca:

—*Aprended de los borregos y sus apacibles manadas, y conoceréis el modo en que actúan los poderosos. Accederéis a sus secretos, y en la medida en que os adiestréis en usarlos de modo estricto, podréis ir ascendiendo por la escala del poder. Pero recordad también siempre que solo sois lacayos con polainas de seda y vistosos uniformes, porque si superáis una linea invisible os convertiréis en peligrosos y molestos. Entonces vuestra presencia empezará a ser repudiada y se harán movimientos para erradicaros por discutir a quién pertenece el auténtico señorío.*

»Podréis ser mastines e incluso pastores, pero los amos están en otro nivel, al que no dejan acceder a nadie.

»Si queréis llegar a ser como ellos, tendréis que aprender a manejar los códigos de Ochtagán.

Por uno de esos «nosesabecómo» del destino me vi envuelto en aquella densa atmósfera que me tenía sorprendido.

Las palabras de aquel hombre salían de su boca de modo espontáneo, sin preocuparse por que hubiera un orden en su exposición conceptual.

Su mirada nunca se elevaba sino que se mantenía fija entre el solado o la tenebrosa espuma de los acantilados, como esforzándose por anclarse en el fondo de sus negras turbulencias. Como si fuera de aquellos abismos de donde proviniera su energía.

«Porque el poder más terrible de las tinieblas está en la oscuridad de las simas más abismales» había dicho.

AN SEASAMH (LA POSICIÓN)

En el que habla sobre la importancia de situarse en la vida

Nunca me había detenido a reflexionar sobre las palabras pronunciadas por aquel a quien yo instintivamente había definido como *caomhnóir* (guardián). Jamás había pensado que mi cerebro y yo pudiéramos ser distintos y que eso influyera de forma trascendente en mi trayectoria.

Debo reconocer que escuchar aquello, en ese ambiente de misterio, me produjo una conmoción interna. Su propuesta era desterrar el modo en que siempre habíamos aceptado que fueran las cosas.

Permanecí allí mismo quieto, como dominado, casi esperando escuchar sus órdenes para moverme de donde estaba. Tampoco me atrevía a tomar la palabra y hacerle preguntas.

¿Por qué estaba yo allí? ¿Por qué se dirigía a mí? ¿Quién era? ¿Qué pretendía con todo aquello?

Todo era confuso y tan extraordinario que parecía una escena de ciencia ficción. «Quizá alguien esté jugando conmigo», llegué a pensar. Y sin embargo había sido yo quien «por casualidad» había llegado a aquel agreste lugar de la costa norte.

¿Estaba toda aquella escena preparada antes de mi llegada o mi presencia había sido el detonante para que todo surgiera así?

El *caomhnóir rúndiamhair* (guardián del misterio) hizo un ligero movimiento; noté como carraspeaba y comenzó a hablar de nuevo.

–*Solo hay dos posiciones en las que se puede estar: como carne de cañón embozado entre la masa u ostentando el poder como dirigente, así que elige dónde te conviene situarte.*

»Incluso habrá quienes te animen a permanecer dentro de ese grupo sin distinguirte, sino simplemente formando parte de la ola. 'Eso te evitará riesgos y te permitirá encontrar la felicidad', te aconsejarán. Pero ese es un mensaje construido para apaciguar y mantener bajo control los movimientos de las personas impidiendo que salgan a flote y puedan poner en entredicho su estatus.

»Si quieres acceder al poder, o al menos escalar por la empinada pirámide que hacia él conduce, lo primero que debes hacer es limpiar tu mente de los límites y corazas que te opriman. Luego estar dispuesto a hacerte respetar y temer, usando todas las herramientas que tienes a tu disposición.

»Tienes todo el derecho al equilibrio, a moverte con las mismas armas que mueven al mundo y a replicar al poder con el único lenguaje que entiende si quieres hacerte un hueco.

»Y cuando estés ya en cierto rango de la pirámide, deberás estar siempre alerta y protegido por tus tres dimensiones. Porque allí no hay límites. Intentarán destruirte desde arriba, usurparte lo que es tuyo desde abajo y atacarte por los cuatro costados. En la jungla de la pirámide, la comprensión no es más que una debilidad.

»Tu entorno tratará de convencerte de que no hagas caso a mis palabras para que no sobresalgas. La envidia les impedirá reconocer tus cualidades y procurarán amortiguarlas con el silencio que impone la banalidad.

»*A veces te pareceré crudo; incluso llegaré a repugnarte, pero acabarás dándote cuenta de que soy el único que te dibuja la realidad como es, quitándole todos los disfraces y enfrentándote con ella.*

»*Si quieres puedes, te digo. Pero para lograr tu ascenso hasta lo alto y mantenerte allí deberás comprender la doctrina Ochtagán y aplicar sus reglas.*

»*Esa será tu decisión, porque tú escondes un valor que ni siquiera tú mismo conoces.*

Y con una magnífica parsimonia de movimientos, sin más gesto ni palabra, se levantó y se desplazó entre dos de aquellas enormes y poderosas columnas.

Cuando quise reaccionar y moverme para dirigirme hacia su encuentro ya no había nadie. Todo permanecía como si nunca hubiera estado nadie allí.

Solo noté un ligero cambio: las florecillas empezaron a perder progresivamente intensidad luminosa. Pensé que aquello sería debido al desplazamiento de la luna.

Cuando me recuperé de lo que había vivido era tal mi aturdimiento que llegué a dudar de no haber sufrido un desmayo y que todo aquello no hubieran sido más que alucinaciones.

Regresé sobre los pasos que me habían conducido hasta allí no sabía cuánto tiempo antes. Y las palabras que había escuchado se fueron conmigo.

Margaíocht chonaic
(mercadeo de conciencias)

En el que se refiere a la volatilidad de las conciencias

¿Cómo iba a contarle a nadie lo que me había sucedido? Pensarían que no estaba cuerdo o que había sufrido alguna caída que me había trastornado. Así de increíble era todo aquello.

Estuve dándole vueltas a la cabeza hasta que decidí que no podía encerrarme en mi habitación y opté por dar un paseo hasta el *pub*. Ya era media tarde y ese día no había salido a realizar mi entrenamiento diario.

Me encontraba con una inmensa sensación de agotamiento y bastante desubicado.

El paseo hasta el pueblo me vino bien. ¿Qué debería hacer al entrar allí? ¿Me preguntaría alguien algo? ¿Me observarían de forma inquisitiva estudiando mis reacciones?

Estaba tan inseguro que me prometí a mí mismo mantener la máxima discreción y aparentar normalidad. Dejar trascurrir las cosas y observar.

No sé si lo conseguí, porque más que observar y mantenerme impertérrito como pretendía, me sentí observado, incluso escudriñado, y difícilmente conseguí controlar mis nervios.

¿Es que nadie iba a comentar algo? ¿Nadie había visto nada?

«¡Vamos! —estuve por decirles con un grito—. ¡Que alguien me cuente algo! ¿Cuál es vuestro secreto?».

Pero no sucedió nada, lo cual no hizo más que agrandar el misterio. Todos permanecieron inmutables.

Esa noche, el *caomhnóir* (guardián) también me habló:

—Igual que si giras un objeto cambias los criterios de sus dimensiones, si cambias los conceptos puedes modificar las conciencias.

Tomando una pieza rectangular de madera en sus manos, y haciéndola girar, empezó a explicar de forma simple lo que quería decir:

—Al igual que el largo, ancho y alto dependen del giro que le des a una figura para que aparezca de un modo u otro ante tu mirada, puedes lograr que otros conceptos varíen simplemente girando tu perspectiva.

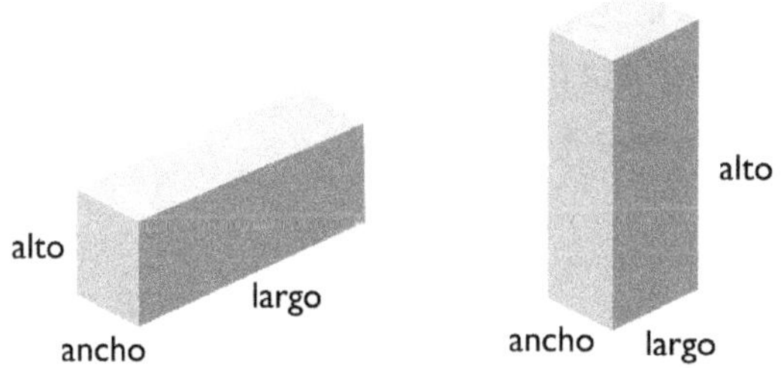

»Tu cerebro tiene un amplio rango de registros que van por ejemplo desde la depresión hasta la euforia, pero además es multisectorial. Digamos que dispone de varios gajos que, unidos, construyen el todo.

»*Cada uno de ellos influye sobre ti y tus modos de comportarte, lo cual quiere decir que someten tu voluntad.*

»*Los diferentes gajos vienen prediseñados, pero cada uno puede optar por situarse en una posición dentro de sus extremos.*

»*El primer paso para gestionar tu libertad es ser consciente de que esa alternativa es posible, que depende de ti y que puedes llevarla a cabo.*

»*Si te colocan en la posición de cada parámetro y de modo inconsciente lo aceptas, estarás entregando el dominio de tu persona. Si por contra eres tú quien elige, serás propietario de tu destino. La cuestión por tanto reside en que seas tú quien tenga la llave para adueñarse y manejar su propio cerebro.*

»*Ese es el gran cambio que se necesita para pasar de ser un miembro esclavo de la manada a ser amo.*

»*El mercadeo de las conciencias fue inventado hace muchos siglos; es algo consustancial al hecho social en los seres humanos.*

»*Unos inventaron la bondad y otros, justo en el extremo contrario, se decantaron por la depredación, por mencionar uno de los sectores más conocidos de todo el conjunto de opciones de que dispone el hombre para desarrollar sus rangos de poder y dominio.*

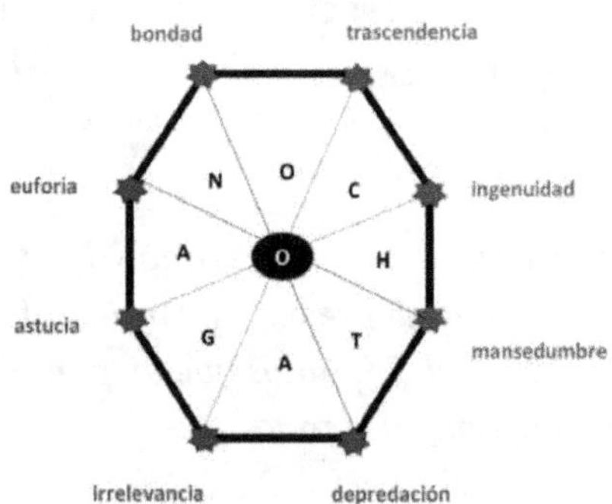

»*Todos tienen idéntica pretensión: conquistar las mentes ajenas para aprovechar en su favor la energía que los individuos destilan.*

»*Conviene a los poderosos que las personas se muevan en el lado bondadoso de la moneda mientras ellos se apropian del lado oscuro sin poner límite a los medios que usan.*

»*La conciencia induce y conduce los comportamientos limitando las voluntades. Y eso resulta de extrema utilidad a quienes aspiran a ostentar el mayor poder posible.*

»*Ochtagán es una ayuda para conocer las posibilidades que la vida ofrece para desmitificar conceptos asumidos y enfrentarse a la cruda realidad, como hacen quienes siempre han dominado el mundo.*

»*Ochtágan te enfrenta con un pensamiento de élite. Libre de ataduras.*

»*La verdad a veces escandaliza. Pero sin escándalo no hay retos y sin ellos la superación desaparece.*

»*Estáis demasiado sesgados por el peso de la 'civilización' de siglos y siglos. Os fiáis de que la realidad que conocéis es la única realidad posible. Eso le es muy útil al poder y por eso se preocupa de que permanezcamos en esa 'sabia ignorancia'. Pero ellos, los poderosos, viven en otra realidad, con principios alejados del determinismo para sacar provecho de las creencias de las masas.*

»*Recordad siempre que el cerebro es acomodaticio.*

»*La existencia del alma solo es una creencia, así que si no te es útil apártala de tu mente.*

El guardián estaba excitado. Sus palabras cada vez denotaban mayor energía tanto por el ronco tono de su voz como por su composición.

Y así prosiguió aquella escena...

ATHCHLÁRÚ DO CHOINSIASA (REPROGRAMA TU CONCIENCIA)

El que habla de la mutación de los poderosos

Le vi alzarse y hacer una visible reverencia cuando pronunció la palabra *Ochtagán*. Antes de hacerlo, tomó su amplísima capa cerca del pico inferior de su parte delantera derecha y la pasó sobre su hombro izquierdo, con lo que quedó absolutamente embozado en ella. Luego, durante unos segundos mantuvo su miraba fija contra el suelo y fue solo después cuando clamó, tan feroz como solemnemente, como si quisiera expresar una llamada:

–¡Och-tagán!

Comprobé que en aquel espacio al que miraba fijamente había un octógono labrado en la hierba. Algo tenía aquella presencia que me hacía sentir impotente. Desoladoramente impotente, diría yo para ser más preciso. Fue como si me invadiera un escenario de desasosiego y angustia. Allí nada parecía querer mostrar paz sino solo tensión y drama.

Ahora sus palabras parecieron dirigirse a un auditorio que para mí permanecía invisible. Su voz se agravó y aumentó extraordinariamente de volumen.

–*No os engañéis* –vociferó–, *el mundo no es más que un juego interactivo de componentes que conforman la biología y la energía.*

»Es simplemente un 'estar para pasar', y todo de lo que disponéis es de vuestra energía y la de vuestro entorno, así que utilizadla en vuestro bienestar y beneficio.

»La naturaleza del mundo está formada por ganadores (mastines y pastores) y esclavos perdedores (burros y borregos).

»Los primeros creen elegir el camino, mientras que estos últimos tan solo buscan refugio para poder vivir a duras penas manteniendo al grupo de los favorecidos. Y todos, estos, esos y aquellos, les rinden cuentas a los amos, los auténticos privilegiados y beneficiarios del sistema que con frecuencia pasan desapercibidos en un anonimato, que les hace, aún más, disfrutar del placer de poseer, y sobre todo de dominar.

»¿Porque hay mayor placer que el de saberse manipulador de los hilos que hacen moverse a las marionetas que saltan o se tumban al antojo de uno e incluso verles agradecidos?

»Bondad, trascendencia, ingenuidad y mansedumbre, cuatro útiles principios que han orientado el devenir ideal del mundo.

»El mensaje vendría a ser: buscar la felicidad a través de mantenerse en la ingenuidad que ofrece la mansedumbre y la bondad para, de ese modo, llegar a la trascendencia. Esos principios fijan los comportamientos de la marioneta.

»Pero ¿y si el propósito no fuera más que contener a las masas en la pasividad para garantizarse que permanecen en paz y mantenerlas así felizmente sometidas?

»¿No? —se dijo finalmente a sí mismo.

—¿Y por qué no? —dije yo.

—¿Y si quienes han logrado mantener el dominio tienen otra lectura de la vida?

»¿Y si en vez de visualizar al ser humano como un ser superior y trascendente, tal y como han sido adiestradas las mayorías, piensan que la especie humana no es más que una composición biológica capaz de crear, tal vez, más energía que otras especies?

»*¿Y si sus principios fueran depredación, irrelevancia, astucia y euforia?*

»*¿Y si estos principios, opuestos a los de las masas, fueran los que los impulsaran a ejercer el dominio sobre los demás y aprovecharse de su energía?*

»*Los que están en la cumbre promueven que los escalones inferiores usen un formato, pero ellos, encubiertos, trabajan desde otro modelo.*

»*Los escalones de la cadena se mueven en los gajos de la honorabilidad. Una ruta compuesta de bondad, trascendencia, ingenuidad y mansedumbre. El amo, sin embargo, maneja el camino de la depredación, irrelevancia, astucia y euforia. Estos atributos son los que le dan el poder; aquellos, la moralidad.*

Cada palabra y cada pensamiento me resultaban ofensivos y me provocaban una extraña sensación. ¿Y si lo que decía aquel misterioso personaje era cierto? No parecía descabellado que así fuera.

Parecía dirigirse directamente a mí como si gozara al conmoverme descubriéndome aquel nuevo mundo. Y aunque mi boca permanecía cerrada, tuve la seguridad de que mi rostro lo expresaba todo. Quizá aquello le fascinara aún más. Probablemente sentía el placer de romper la ingenuidad.

ACH ÉIFEACHTACHT (SIMPLEMENTE EFICACIA)

En que descubre la vulgaridad de la especie humana

os humanos tienen peculiaridades en su desarrollo en relación a otras especies, pero no son las que les han hecho creer. Lo de la sublimación y la trascendencia es simplemente una ficción interesada en la que ha convenido adiestrar a la mayoría como manada.

»Ese modo tan trascendental de verse a uno mismo ha impulsado la creencia generalizada de que la gozosa vida del más allá está reservada a los virtuosos; y el modo de ganarse esa virtud es precisamente lo que ha permitido a los poderosos influir en los comportamientos más convenientes para conducir la energía de las masas.

»Los humanos somos procesos biológicos, o lo que es lo mismo, un complejo entramado de interconexiones químico-físicas capaces de crear una enorme energía.

»La cuestión no es por tanto trascender, sino cómo vivir, o lo que es lo mismo, cómo aprovechar la energía a nuestro alcance para disfrutar de la mejor manera posible.

»Asnos, borregos, mastines y pastores son generadores de energía. Cada uno la produce de un modo diferente y en calidad y cantidad distintas.

»Si te dieran a elegir, ¿qué preferirías ser: burro, borrego, mastín, pastor o amo? Esa es la cuestión. Si no te lo planteas así, aunque pueda parecerte crudo y burdo, difícilmente tendrás siquiera opción de saber cómo acometer tu vida.

»Como ya he dicho, a los burros se les contenta con una zanahoria. Los borregos son bultos lanares con patas que caminan por la vida en la misma dirección en la que van los demás, vencidos y convencidos por la sensación de sosiego; Los mastines dirigen manadas, los pastores incentivan a los mastines y los amos reciben la energía de toda la cadena. Todos tienen una misión, todos juegan un papel y todos realizan su actividad.

»Pero hay dos cuestiones: ¿quiénes son los ganadores? ¿y con qué principios se rigen los miembros de cada uno de esos grupos?

»A unos se les manda y ellos se sienten orgullosos de obedecer; a otros se les incentiva y ellos se sienten orgullosos de su rango, a otros se les motiva y ellos engordan al ver progresar su obra, y los de arriba diseñan esas herramientas para movilizar al resto de escalones inferiores.

»Los lazos comunes que les unen a todos ellos son dos: uno interno, que es su sentido de la responsabilidad, que está muy vinculado a la trascendencia; y otro externo, que es el temor a la reprimenda, a perder el incentivo o la ilusión. Cuanto más arriba están en el escalafón, más se cierra la coraza del miedo a perder, aunque esta sea más sofisticada, menos física y más subliminal.

»Según ascienden por los escalones, más libres e independientes se creen. Y nadie trabajará con más intensidad para ti que aquel que cree ser libre y trabajar para sí.

»Todos rinden vasallaje al amo. Los esclavos crean energía. Y los nuevos esclavos, trabajadores del 'Yo', son aún una mayor fuente energética. Su pasión es la eficacia.

»Pura biología. La biología no son más que circuitos eficaces que progresan buscando una perfección que jamás llega.

Sus manifestaciones sobre la esclavitud y el sometimiento subterráneos me resultaban una bofetada, con esa mezcla que produce entre hastío y repugnancia.

Una vez más hice un esfuerzo por mantenerme allí. Me forcé en tomar esa decisión por responsabilidad; hay que conocer al enemigo y, si es tan sofisticado y despreciable como aquel, razón de más porque es más peligroso. Conocer a fondo sus maniobras se hace imperioso si se le quiere combatir.

Vista desde las altas cumbres en las que se aloja el poderoso amo *(an máistir mighty)*, la sociedad no es más que un inmenso redil del que sus individuos, dentro de una falsa apariencia de libertad, tienen obligación de formar parte llevando a una actividad productiva de alta intensidad. Eso es lo que me había desvelado. Y su propuesta era la siguiente:

Pastores, mastines y *caoirigh* se esfuerzan con gran ahínco por ofrecer prebendas cada vez mayores y más satisfactorias a un amo de ansia inagotable. Este los mantiene en la ignorancia a través de la paz y la creencia de que cada uno de ellos destina sus esfuerzos a conseguir su propia fortuna y sosegado bienestar, cuando en realidad lo que está haciendo es exigir mayores ofrendas, para ser expoliadas por él, poderoso *grá* (amo).

¿Y, si por repugnante y ofensivo que resulte, la realidad del mundo fuera así? Pensándolo bien, me había cruzado con muchos pastores, mastines y *caoirigh* en mi vida. Pero, ¿cuántos «amos» había conocido?

No supe, o no me atreví, a responderme.

Motúcháin (sentimientos)

En el que habla de las debilidades que favorecen al amo

Quien sea un incrédulo o aquel a quien le repugne el mensaje Ochtagán no es más que un ingenuo incapaz de sacar partido de sus posibilidades* —bramó, con tal ira que se me pusieron los pelos de punta.

Era increíble la facultad que tenía para pasar de la calma más sosegada a la irascibilidad más radical e imponente.

Quisiera haber tenido fuerzas para haber dejado que mi interior hablara y le replicara expresándole mi rechazo visceral a sus palabras y a su triste y corrupta visión del mundo, pero un velo invisible me tenía atenazado.

Prefería ser endeble e ingenuo antes que devoto de las monstruosidades que le escuchaba pregonar.

De uno u otro modo ponía de manifiesto que *Ochtagán* no admitía dudas ni posturas débiles y había que reconocer que su mensaje era tan claro como rotundas y firmes habían de ser las convicciones y los hechos que lo desarrollasen. Desde luego daban la impresión de ser tan frontales como radicales.

—La saga del poder no acepta la mediocridad entre los elegidos. Ni tampoco la traición.

Me sentí acusado. Había expresado justo una especie de réplica a lo que yo pensaba. Y lo había calificado sin paliativos: «*¡Traición!*», había dicho.

Recibí un bofetón de pánico.

—¿Veis la profunda oscuridad de este mar? ¿Veis sus aguas furiosas y agresivas? Pues allí, en la sima más

profunda e inaccesible, es donde el poder guarda sus sentimientos. Porque los sentimientos son malos consejeros y significan fragilidad.

»Quien decide en base a sentimientos se equivoca. Por atender a sus sentimientos, las personas han cometido los mayores errores. Los sentimientos se cobran un gran peaje en la vida.

»Los sentimientos son un proceso más. Una combinación biológico-físico-química, como otras tantas, que desencadena una respuesta en los individuos. Esa respuesta disfraza la crudeza de la realidad natural ante el cerebro y le hace influenciable, desatando en él comportamientos que conmueven. Los sentimientos añaden una implicación y un compromiso que limitan y reducen la flexibilidad.

»El poder conoce muy bien la realidad de estos procesos y se educa blindándose de la debilidad que los sentimientos promueven. Pero se preocupa de que aquellos a quienes domina o pretende dominar sean educados en la sensibilidad, porque de ese modo sabe que abre en ellos brechas a través de las cuales puede ejercer su dominio.

»Tened en cuenta que la sensibilidad y el sentimentalismo se subliman con modos más sofisticados y elevados como la música o la poesía. Porque con su ensueño distraen a los individuos de la realidad y les hacen bajar la guardia. Creadles por tanto los conciertos que os resulten más convenientes.

»Desear que los demás se rijan por la sensibilidad y la bondad que no desearíais para vosotros refleja el modo de comportarse del poderoso.

»Se dice que la bondad termina por derrotar al mal, pero observad: no es cierto. Es verdad que muchos malvados han caído, pero lo único que ha sucedido al final es que han sido reemplazados por otros.

Miotas eiticiúil (mito ético)

En que habla sobre la contaminación
de la figuración

Su brazo se alzó sosteniendo en su mano aquella vara, fea y retorcida que siempre portaba consigo y en la que se apoyaba para conseguir una mayor seguridad en sus pasos. Aquel cayado horrendo parecía el reflejo del alma de aquel ser sin duda atormentado.

Lo alzó verticalmente y, con su brazo recto, trazó un giro de ciento ochenta grados. Lo hizo lentamente y, según iba recorriendo el espacio, se podían percibir ligeros movimientos tras cada una de las inmensas rocas erguidas.

Con solemne y casi reverencial actitud, tras cada una de ellas fue apareciendo la figura de otro ser encapuchado cubierto igualmente de una capa larga y negruzca de pesada lana que le llegaba hasta los pies.

Por un instante me dio la impresión de que se trataba de *reithe* (carneros) con forma humana.

Quedaron de espaldas y con solo medio cuerpo visible en vertical.

Era como si el *caomhnóir* (guardián) quisiera mostrar su poder en forma de séquito de fieles *foghlaimeoiri* (educandos). Y como si ellos se empeñaran en demostrar su convicción de fieles seguidores orgullosos de *Ochtagán*.

Eran la secta de los nuevos «llegaderos al poder»; una especie de seminaristas *Ochtagán*.

El *caomhnóir* (guardián) volvió a hacer rugir su extrema y seca voz:

—¿*La ética?*

»*La moralidad es algo inerte.*

»*¿Qué es la ética sino un poderoso motor que solo afecta a quienes creen en la trascendencia?*

»*Porque... ¿tiene sentido la ética si no existiera el concepto de trascendencia?*

»*¿Para qué ser ético entonces? ¿Qué sentido puede tener para quien solo está adiestrado en la irrelevancia y el simple pragmatismo?*

»*¿Qué sentido puede tener el comportamiento ético para quien está convencido de que los seres humanos no son más que animales, con una evolución diferente?*

»*Para quien cree en la irrelevancia del ser, la ética no tiene sentido alguno porque simplemente no es más que algo inventado. Una pantalla para enorgullecer a los individuos y hacerles creer que son diferentes. Un subterfugio, en definitiva, de quien ostenta el poder o quiere llegar a la cúspide debilitando a los demás.*

»*La ética supone admitir e internalizar ciertos límites al modo natural de comportarnos como especie.*

»*Por ética se bloquean ciertos comportamientos e impulsos instintivos, y por consiguiente naturales, en el animal humano.*

»*El refinamiento que supone la ética es inducido y aprendido. Es un bloqueo educativo frente al comportamiento natural que el poder sabe que no puede permitirse.*

»*Porque el poder es sabedor de que su situación es envidiada y que, si bien a través de la ética consigue sumisión, existen quienes no dudarán en dejarla al margen si ven la oportunidad de desbancarlo y sustituirlo en sus privilegios y potestades.*

»*Por tanto, el poderoso encuentra plenamente justificado marginar la ética de sus comportamientos, porque la considera una debilidad que no se puede permitir. Pero tener gente ética como vasallos resulta rentable, así que el poder los conmina con palabras opuestas a sus convicciones, creándoles otras que les hagan ser más sumisos y domesticables.*

»Y con el hábil manejo de la apariencia, su mensaje a las huestes será: 'Sed éticos, porque eso elevará vuestra dignidad'.

»Son las dos caras del pragmatismo, o un pragmatismo con dos caras, según quiera leerse.

Tuve la sensación de que me observaba y percibía perfectamente mis sensaciones internas a pesar de mantenerse de espaldas. E incluso que encontraba un profundo placer en ensañarse conmigo.

Aquellas expresiones me provocaban un intenso dolor interno. Era como si una bola de agujas hubiera entrado por mi boca y bajara hiriéndome y desgarrándome.

¿Alguno ha experimentado la sensación de ser examinado involuntariamente por dentro sin querer serlo? Es un cierto e impúdico sentimiento de violación moral. Así es como me sentí.

LEAS A BHAINT AS (APROVÉCHATE)

En que vulgariza al ser humano

enéis la legitimidad que os da la biología. Sobrevivid del mejor modo posible y olvidaos de los límites que os constriñen. Esos están bien para los demás porque eso os ayudará a contenerlos y dominarlos.

»Podéis ser especiales si educáis vuestro cerebro y lo conducís por el camino que os conviene.

»No entréis en el juego del bien contra el mal porque eso no son más que ficciones artificiales que se ha creado el ser humano. En el mundo biológico no existen.

»La historia del mundo es el trazado de distintos modos de ejercer el dominio. Y el hoy solo es una etapa más, aunque con formato diferente.

»No seáis ingenuos. La libertad es una ficción, una creencia o impresión de la que podéis aprovecharos si la administráis de forma favorable.

»Las masas interesan en la medida en que son fuerzas productivas. Conviene que se consideren libres porque así su energía será mayor y más intensa. Un grupo que se cree libre y está contento es más productivo, así que nunca dejéis de crearle ilusiones para que su actividad se multiplique y le rinda más a vuestro poder.

»La ilusión moviliza a las personas a trabajar con más energía. Es muy bueno que las ovejas pasten en libertad, si de ese modo consigues que pasten más y mejor para tí.

»Lo que realmente importa es la lana, la crianza y el engorde que una buena alimentación proporciona.

»*Nunca olvidéis que si ponéis a las personas a elegir entre lo justo, lo inmoral o lo conveniente, veréis cómo se decantan por lo que más les convenga.*

»*Si sabéis esto, podréis aprovecharos de ello.*

»*Dejaos de tonterías improductivas: ¡vivid y sacad provecho! Eso es lo único que vale en la vida.*

¿Por qué estaba yo envuelto en aquel lodazal? No lo comprendía pero sentía bullir mi interior. ¿Por qué, pese a asquearme, no podía escaparme? ¿Qué me imantaba y retenía allí?

No tuve respuesta a mis propias preguntas. Quería irme, reprocharle su malicia, mostrar mi indignación. Y sin embargo allí seguía clavado, esclavizado por la atracción del *caomhnóir rúndiamhair* (guardián del misterio).

Me pareció que aquel nombre supuesto con el que le habían bautizado era el que mejor le identificaba.

MARGAÍOCHT CEANNAIREACHT (MARKETING DEL LIDERAZGO)

En el que habla sobre la verdad que hay detrás de los telones

os mensajes llenos de ilusión desbordante pueden resultar muy productivos para asentar el dominio. Se venden en forma de pancarta. Son breves, pegadizos, fáciles de entender y accesibles.

»Las 'pastillas' más eficaces no son aquellas que no envían el mensaje frontal sino las que lo mantienen en formato subliminal, porque no hay conclusión más convincente que la que obtiene cada cual 'libremente'

»Cuanto más racional se considere una persona o un grupo, más posibilidades deja libres al impacto subterráneo de las armas intangibles.

»Los 'caoirigh' son gregarios y necesitan a alguien a quien seguir. Son pocos los exploradores y muchos los seguidores por imitación. Estos siempre llegan tarde, pero no importa; en tanto en cuanto desarrollen energía podréis hacer que rindan para vosotros y en vuestro beneficio.

»Hacer que la manada os siga exige mucho esfuerzo y dedicación. Consume además tiempo que podríais dedicar a otras tareas. Situad un 'líder' que use su poder de arrastre y sus convicciones para entusiasmar a la manada y evitaréis el desgaste que supone esta actividad. Ello os permitirá dedicaros a otras tareas, multiplicando vuestra rentabilidad.

»Es importante que elijáis para esto a alguien entusiasta y con capacidad de transferir sus sinceros propósitos

porque en la medida en que disponga de estas cualidades implicará a mayor número de personas.

»Recordad que el corazón es bueno como herramienta para mover la energía de otros en vuestro favor e incrementar vuestro dominio.

»Así que ya lo sabéis: si queréis incrementar vuestro poder, situad a un líder entre vuestros subordinados que haga de pantalla y motor de arrastre. Su actividad se multiplicará exponencialmente.

»El líder no es más que un lacayo del poder dominante. Lo que invirtáis en él tendrá una excelente productividad.

»De este modo, con su quehacer contagiará a otros y entre todos, sin saberlo, se creará una gran cadena de valor y arrastre para vuestros intereses. Ese es el gran atractivo del liderazgo.

El cinismo y la malicia que destilaban sus palabras me dejaron atónito. ¿De dónde extraía tantas y tan escabrosas lecciones?

Aquella mente, oculta tras la capucha de la larga capa, tenía una capacidad ingente para producir la maldad más sofisticada y despreciable.

Es como si su espíritu se alimentara de la perversidad y el odio.

¿Cómo era posible que en aquellas hermosas tierras verdes en las que la naturaleza había hecho tamaño alarde de imaginación pudiera vivir alguien así? Por dolorido y resentido que estuviera tenía a su alcance un privilegio natural que aún dolía más contemplar en aquel estado.

Mi imaginación vagó por colinas de verdes prados con rebaños apacibles que pastaban gozosos junto a placenteros lagos.

Alcé mi mirada al cielo sin siquiera saber qué pedir.

TIONCHAR (INFLUENCIA)

En que se refiere a las cadenas de la libertad

a historia está repleta de los pozos más oscuros. Entre esas tinieblas se mueven los poderes más sofisticados.

»Porque el poder más influyente es el que se ejerce detrás de la más amable sonrisa de un aliado.

»No tiene más poder quien más manda, sino quien más influye en el comportamiento de los demás. El poderoso de alto rango deja la apariencia y el mando a quienes más conviene a sus intereses y los cambia a su antojo. Por eso alimenta a pastores y mastines.

»La personalidad del poderoso más influyente es enemiga de la apariencia, porque sabe que eso le pone en riesgo y le deteriora. Sus movimientos son más sofisticados y ocultos; ha aprendido que persuadir es tener la conciencia de ejercer su influencia, y que eso en muchas ocasiones requiere de sigilo y hasta silencio.

»No hay mayor influencia que la de quien consigue que otros lleven a cabo sus propósitos sin tener conciencia alguna de estar siendo manipulados. Por eso crear la sensación de libertad es tan importante. La cadena de mando de la sutilidad es la correa que más encadena.

»Por eso los pastores más eficaces no son aquellos que contradicen a sus mastines, sino los que consiguen que los mastines se muestren apacibles y dejen disfrutar de su 'libertad' a los borregos, que caminan felices por el trazado que otros dibujan.

»Por detrás de todo, y sin aparecer en el paisaje, el amo recibe los frutos sin mancharse en la cotidianidad y mostrándose solo si hay que hacer algún regalo o festejar algo.

»Porque la dádiva amable ata voluntades.

»Quien cree que su ser le pertenece es el más dócil de los vasallos. No entréis a discutirle su libertad porque os adentraréis en un riesgo innecesario. Dejad que cada uno se ponga su propio lazo al cuello. Os sorprenderá el afán y entusiasmo con que lo hace.

»Y asignaréis vuestros logros al debe de aquel de quien deseéis mayor sumisión, porque alentar su representar y apariencia harán que se os entregue con aún mayor docilidad. La orden, la marginación, y no digamos el ridículo, crean los mayores y más dañinos enemigos.

La capa se erguía denotando que el cuerpo de su dueño crecía de satisfacción conforme su malicia se superaba.

El viento resoplaba con más fuerza y aquel chirrido incesante tan característico elevaba su volumen e incluso agudizaba su tono. El entorno de luminosidad teñida de tonos rojizos parecía encenderse tomando un colorido cada vez más incandescente. Era como si la naturaleza se hubiera aliado con el guardián de aquel oráculo misterioso del mal.

Para ese momento yo ya me había entregado. Había decidido esperar acontecimientos y asistir al desenlace de toda aquella situación. Algo tan terrible me atraía de un modo incomprensible. Tenía que escuchar aquel dañino mensaje y luego ya vería la posición que tomaba.

Podría gustarme o no, estar de acuerdo o no con aquellos mensajes, pero el azar me había situado en la cara oculta de la moneda y las palabras que expulsaba aquella voz ácida, ronca y hasta chillona a veces supe que tenían que ser escuchadas.

En algún momento sentía que los tímpanos querían estallar o tornarse inertes ante el mensaje que recibían, pero aguantaría hasta el final de todo aquello. Aunque mis alertas me advertían del peligro que corría.

Eagla (miedo)

En que habla del pánico a la conciencia

o hay poder sin miedo. Y el más crudo de todos es aquel que se crea en torno al confort.

»Porque perder la sensación de apacibilidad genera el mayor de los temores.

»El miedo va estrechamente ligado a la sensación de pérdida. Y hay pérdidas terribles que no obedecen a hechos reales sino que son fantasmagóricas y se alojan en el seno de la persona.

»El miedo invisible es el mayor de los miedos porque no se sabe por dónde se acerca la amenaza, ni por tanto cómo protegerse de ella.

»El miedo más sutil es el que se inyecta en alguien, logrando que sea él mismo quien se lo inocule.

»Si el miedo supera un límite de tolerancia y se convierte en pánico puede llegar a paralizar o inducir a la rebelión. Por eso es más eficaz el miedo llevadero, que crea inestabilidad e induce a la apacible obediencia.

»Porque al temor contenido y tolerable se le paga gustoso un peaje por su moderación y protección.

»La norma, con formato lógico y en defensa de la convivencia sana, es un temor que penetra a través de la educación en las convicciones de la persona y genera unánimes defensores.

»La represión es un modo de vivir que las personas tienen asumido. Es una represión positiva, que se cede a los poderosos y que estos delegan para que la apliquen sus mastines.

»*El castigo en sí, y objetivamente, no es ni bueno ni malo para las personas. Depende de quién lo ejerza y de las razones que tenga para emplearlo.*

»*Quien llega a tener el reconocimiento para ejercer la presión, el temor o la represión, ve cómo sus manos se encuentran libres para llevarlo a cabo sin que nadie se lo recrimine sino que incluso se acepte con normalidad y se le demande que lo ejerza.*

»*La actitud de obediencia es algo que la educación, diseñada por el poder, viene construyendo en el interior de los seres humanos, del mismo modo que los mastines la edifican en los 'caoirigh' (borregos).*

»*Nunca olvidéis que las malas acciones pueden producir buenos resultados. Y las personas medirán más el resultado que obtienen que la calificación moral de los comportamientos que los han producido.*

»*Si el temor les produce beneficios, lo soportarán con sorprendente estoicismo a cambio de obtener los resultados que les interesan. La balanza entre temor y resultados es el equilibrio que deberéis medir. Pero el amo debe quedar pulcramente protegido de lo burdo. Esas labores serán encargadas a otros que cobrarán pingües ganancias por dar la cara y ser ellos quienes asuman el papel desechable.*

»*¿Veis la reacción de esos 'caoirigh' cuando escuchan los aullidos de las jaurías de lobos? ¿Notáis cómo se agrupan acogotados y piden que los mastines los protejan? ¿Veis cómo en ese caso se someten y renuncian a cualquier movimiento que no sea el que les permitan sus vigilantes? ¿Veis cómo reclaman restricciones a las que obedecer con la mayor sumisión?*

»*El ataque externo une o agrupa a la manada con el hilo del temor. Y así el poder expande su dominio.*

»*Cuando el enemigo está infiltrado entre los 'caoirigh', el temor es a los 'oídos ocultos' que pueden delatar una forma de pensar o comportarse. Entre los miembros de la manada crecen entonces la desconfianza, el odio y hasta la venganza. Y con esa desunión también el poder se ve reforzado en sus acciones.*

»Pero el más terrible de todos es el miedo a lo incógnito. Ese miedo que, basándose en datos o en artimañas, existe en la mente de los 'caoirigh'. Ese es un miedo que carcome el interior y ofrece gozo y refocile al poderoso.

Repentinamente surgió un instante de reverencial silencio.

El guardián movió la vara que reposaba en el suelo y se apoyaba en sus rodillas. Se sirvió de ella para levantarse y quedó allí, mostrando su jorobada apariencia, con la cabeza gacha y la capucha de gruesa y rústica lana cubriéndolo por completo.

Aquel instante de silencio parecía un reconocimiento solemne a su presencia.

Pensé que iba a volverse hacia mí pero no lo hizo, sino que se giró hacia los acantilados, que redoblaron su furia, como si quisiera demostrar su poder frente a los elementos.

¿De qué sería capaz aquel hombre? ¿Cómo había podido llegar a ese estado? ¿Qué tormentos habría sufrido su mente para llegar a haber elaborado aquellas sofisticadas proclamas de odio?

Esas y otras muchas preguntas se pasearon por mi cabeza sin encontrar respuesta alguna.

Sentí un hondo vacío. Estaba astragado por una mezcla de admiración, desprecio y compasión. Mi alma fluctuaba y rebotaba igual que una pelota de caucho cuando es lanzada con violencia contra el suelo y está rodeada de paredes.

Fóntais (utilidad)

En que soporta el valor de las acciones en el pragmatismo

Esa noche parecía precipitado. Daba la impresión de que se le hubiera venido un pensamiento a la mente y que tuviera necesidad de exponerlo antes de que se debilitara o desdibujara, así que sin dar casi tiempo comenzó, pillando a todos algo desprevenidos. Pero enseguida llamó y concentró la atención del auditorio.

–*¿A cuántas personas moviliza el odio? ¿Y a cuántas la admiración?*

»El ser humano es muy básico y sus reacciones siguen estando más próximas al mundo animal, al que pertenece, que a las del mundo superior al que dice pertenecer.

»¿A cuántos poderosos veis amparar su poder en el odio? ¿Y a cuántos veis sostener su poder en la admiración y el respeto hacia los demás?

»¿Cuántos seguidores promueve el odio y cuántos la admiración?

»¿Qué consideráis más fácil activar en las personas, el odio o la admiración?

»El ser animal es un factor dominante que ayuda a los poderosos a soportar su dominio e imponerse sobre los demás. Es un activador de la agresividad que favorece el control y asentamiento de los poderosos.

»El generador de admiración, respeto y hermandad entre las personas también puede ser un movilizador de la energía de los seres humanos.

»*Hablaos a vosotros mismos y decíos: 'Tú no eres el responsable de que el desarrollo de la humanidad mejore y las personas sean más inteligentes, y tampoco tienes por qué renunciar a progresar'.*

»*Por consiguiente, lo mejor y más productivo para ti es aprovechar ambos: los generadores de odio y los de admiración.*

»*¿Cuál te será el pastor más útil y rentable? Pues aquel que sepa adiestrar mastines capaces de implantar el terror en su círculo de influencia, pero que también sepa adiestrarlos en la admiración y el respeto de los borregos. El ambivalente es por consiguiente el más útil.*

»*De ese modo conseguiréis urdir y sumar desde la niebla tanto a la legión de asiduos al odio como a la de seguidores de la admiración.*

»*El poder no tiene conciencia. Solo sabe conseguir sus propósitos. Ser práctico es conseguir la maximización de resultados; no importa el modo o modos que tengáis que emplear para ello.*

»*Os repito, y grabadlo bien en vuestras mentes, que el poder no tiene conciencia. ¿Cómo podría tenerla si sabe que es un freno que otros se imponen y que les hace entregarse sumisamente a su control?*

»*Hace que se promueva la malicia cuando le conviene y la bondad cuando le sea imprescindible, que incluso cubrirá con una saya blanca de pulcritud si le resulta útil.*

Es bastante difícil aceptar por una especie que se considera a sí misma inteligente y el eje sobre el que gira el universo que tan solo es un eslabón perdido de una masa que soporta, con ovina resignación, los designios de un poder que la supera. Y que los llamados seres libres no son más que parte de un engranaje que, bien manipulado, hace funcionar la ambición que inexorablemente les mantiene sometidos.

Incluso los que se consideran amos son esclavos de un peligroso mundo que los acosa y que será implacable con ellos en cuanto encuentre un resquicio por el que penetrar para corroerlos.

Este manuscrito es como echar vinagre y sal en una herida abierta y profunda que se mantiene oculta y tapada para no aceptar que existe. Es la herida que provoca la mediocridad de una especie cuyo ego no quiere aceptar su anormal incapacidad para mantener unas relaciones sanas con los demás miembros de su especie.

Este pensamiento me hería aún más.

INNIÚLACHT (INGENUIDAD)

En que habla sobre las debilidades de la bondad

a bondad es confiada y sus miras reducidas. Le cuesta creer que puedan existir personas con comportamientos dañinos y se protege poco, o nada, frente a ellos, de tal forma que se los encuentra por sorpresa.

»El bondadoso es demasiado previsible y conformista; acepta las cosas y las sufre internamente porque su conciencia ha sido preparada para consolarse en la intimidad, y mostrar cualquier grado de reproche le parece un defecto inaceptable que debe desechar.

»La bondad induce a la generosidad y a preocuparse más por los demás que por uno mismo. Por consiguiente, su margen de reacción es reducido. Se pone límites estrechos y se encasilla en corsés de acero que surgen de su ser y que resultan más estrictos incluso que los que los demás estarían dispuestos a aceptar.

»El malévolo conoce muy bien el lenguaje de la bondad, pero no lo entiende y se siente incapaz de comportarse de ese modo, aunque puede simularlo o poner de pantalla a quienes le convenga.

»Al bondadoso sin embargo la malicia le resulta incomprensible y le produce bloqueo.

»El malévolo es capaz de hacer un acto puntual de bondad si conviene a sus intereses. Sin embargo, el bondadoso no es capaz de actuar de forma malévola.

»*Es más proclive a ceder más y con más facilidad el bondadoso; y cuando quiere reaccionar, en el supuesto de que lo haga, habrá perdido un terreno irrecuperable.*

»*Cuando el malicioso lleva a cabo una acción bondadosa su actitud es ponderada y reconocida. Podríamos decir que todo son sonrisas y parabienes, como si un rayo de esperanza iluminara la atmósfera. Sin embargo, si es el bondadoso quien realiza, aunque sea de forma puntual, una acción maliciosa, le llueven los reproches y no será de extrañar que las personas le reprochen su 'falsedad'.*

»*El malévolo genera un círculo de temor en su entorno y eso impide a los demás, incluso a sus enemigos, propasarse en sus acciones, que más bien serán prudentes y procurarán no hacerle sentir ofendido para contener así su agresividad.*

»*El bondadoso es un generador de cercanía y con frecuencia se siente invadido y asediado por demandas y reclamaciones que abusan de su tolerancia.*

»*Vistas así las cosas ¿qué creéis que más útil al poderoso?*

Desde luego, si el demonio se hubiera reencarnado lo habría hecho en el personaje que portaba aquella capa. «Quizá su joroba sea consecuencia del excesivo peso que supone la maldad», pensé.

—*Tened bien presente que cuando os hablo del poder y los poderosos, no me refiero simplemente a aquellos que se encuentran ya en las tierras nebulosas de su cúspide, sino también a aquellos otros ansiosos por conseguir todo a cualquier precio; pues es más peligroso y dañino quien se cree con derecho a usurpar el poder, convencido de que el destino se lo tiene reservado.*

»*Porque quien lo ansía añade a su malicia el sentimiento de sentirse desposeído de un derecho que interiormente considera propiedad suya.*

»*Ese aspirante con sangre y sed de poder luchará por conseguir un hueco con el que está obsesionado. Por ello será capaz de cualquier cosa con mayor radicalidad; porque al no tener qué perder, apostará con firmeza al 'todo o nada'.*

»*El aspirante sabrá crear su propia red de conciencias, y sus devotos Ochtagán serán aún más drásticos en la interpretación y práctica del manuscrito, hasta el extremo de que palabras como 'caohmhnóir' (guardián) podrían parecerle moderadas. Porque no puede reconocer a nadie más que a sí mismo.*

»*Creará así entusiastas seguidores y los modos de conciencia que más los satisfagan, así como su propia red de devotos mastines y pastores, que prometerán 'el paraíso del confort y el pienso' a los ingenuos 'caoirigh', a los que convertirán en nutriente de los estamentos superiores, y que se inmolarán convencidos de que su sacrificio es virtud exigible a todos como honorable dádiva a la sagrada causa común.*

»*De este modo, inocularán, con manipulación y falsas promesas de una vida mejor, el radicalismo en las aborregadas masas a las que usan desde la sombra.*

Aquel ser vapuleado por la vida y falto de todo tipo de decencia demostraba cada noche que era capaz de superarse aún más en cuanto a sinuosidad y perfidia.

NA PUPPIES (LOS CACHORROS)
En que justifica aprender de la simplicidad

En esta ocasión parecía algo ensimismado. Me sorprendió su capacidad para cambiar su estado emocional y su imagen. Debía estar imaginando algo. Estaba inerte, concentrado en el empedrado. Igual que otras veces había exhibido una gran vivacidad y espontánea agitación, hoy estaba encogido, como queriendo mostrar al mundo su maltrecha imagen.

—El cachorro es más espontáneo y el que mejor muestra sin tapujos la esencia de su ser. Su naturaleza se manifiesta en estado básico y en bruto.

»Observad a los cachorros y aprended de su espontaneidad porque percibiréis datos muy significativos sobre la forma de comportamiento clásico de su naturaleza.

»Los cachorros humanos son caprichosos, envidiosos, tendentes a desalojar a otro de lo que posee, dispuestos a agredir y pelear por conseguir lo que quieren, y bastante ácratas en sus quehaceres.

»Observad cómo son los humanos de más edad quienes, asumiendo una responsabilidad que ellos mismos se otorgan e imponiéndola desde una posición de fuerza que emplea desde los métodos más burdos hasta la técnicas de influencia más sofisticadas, van sometiendo aquella tendencia natural y modelando los comportamientos más básicos y naturales a través de un proceso de educación del que todos se congratulan y elogian por su eficacia a la hora de domar al cachorro hasta convertirlo en un ser acomodado y de provecho para su sociedad.

»*De ese modo los cachorros van comprendiendo el modo en que otros han concebido cómo deben ser las cosas. Y quienes lo han concebido e impuesto son quienes están en el poder, porque son ellos los que juzgan, califican e imponen cómo deben de ser las cosas. El poder usa la justicia, haciéndola caer de modo contundente y ostentoso sobre el débil, mientras las argucias e interpretaciones se las reservan para sí y sus grupos de fieles.*

»*Fueron y son los hechiceros quienes consiguieron y sostienen su poder en base a domar los comportamientos y las mentes de los humanos. Y siguen siendo los hechiceros quienes tienen el mismo poder de dictaminar lo que está bien y establecer cómo deben ser las cosas y lo que está mal y debe ser reprimido.*

»*Han modificado su formato y su nombre pero siguen siendo los mismos: un grupo de poderosos que disponen de un estatus privilegiado a los que los demás deben someterse.*

»*Sed conscientes de ello para elegir si queréis conformaros con ser obedientes y pacíficos borregos, sumisos y útiles mastines, eficaces pastores, o dueños libres de escrúpulos a cambio de obtener el mayor rendimiento y disponer del privilegio de utilizar las leyes a vuestro favor.*

»*Situaos en el escalón que queréis o al que aspiráis. Pero sabed que con la sumisión nunca llegaréis a las escalas superiores. Debajo de la mesa están las migajas del banquete que se celebra en lo alto.*

»*Que no os quepa duda de una cosa: si queréis participar de los mejores manjares de la mesa debéis llegar a ser diseñadores de la educación; solo así lograréis la profesión más rentable para vosotros, siendo conscientes de que no debéis asumir las normas y reglas de buena conducta que os impongan. Poned a otros a ejemplarizar y guardaros vosotros de ello para sentiros más libres y menos comprometidos.*

»*Tenéis que asumir que sois diferentes y que os encontráis fuera de la escala de sumisos criados. Y recordad que los pastores y los mastines son igualmente lacayos, aunque con mayores privilegios.*

»*Quizá os llamen indecentes o amorales, pero ¿quién crea ese concepto sino vosotros mismos para conseguir que muchos, avergonzados y asediados por su modelo de sociedad, renuncien a todo y dejen poder vacante para que lo copéis a vuestro antojo?*

»*¿Qué más da entonces lo que os digan?*

AN PRAISE (EL ELOGIO)

En que cuenta cómo un dulce puede movilizar voluntades

—Veréis a las personas rezar y encomendarse a la divinidad. Incluso postrarse de rodillas delante de sus representaciones en los más diversos formatos.

»Las masas creen —o se les ha hecho creer— en la existencia de un ser superior, y con esa convicción viven. Hasta los no creyentes declarados se muestran dubitativos a la hora de manifestar su no existencia.

»Pero mientras ese es el debate oficial, pasa desapercibida la auténtica divinidad a la que rinden pleitesía, que es su propio ego.

»Hasta quienes dicen renunciar a sí mismos, conscientes de que el ego empequeñece el ser, toman esa decisión para satisfacer los deseos de su propio ombligo. Porque desprenderse de sí mismos es el deseo que su propio ser les ordena.

»El poderoso tiene un enorme ego sin el que no puede vivir. Y es un ego que él escenifica y que se hace bien visible.

»Si tenéis en cuenta el poder que el ego ejerce sobre cada persona, si lo observáis con detenimiento y lo descubrís en secreto, tendréis la mejor llave para conquistar y someter a las personas. Porque ante él las personas se doblegan, se engolan y están dispuestas a asumir los más disparatados peajes.

»Recordad siempre que en el ombligo de las personas se encuentra su mayor motor. Es él quien manda sobre todo el resto del cuerpo, incluido su cerebro.

»*Es más poderoso conducir a las masas adoctrinándolas con 'su inmensa valía personal' que intentar hacerlo sometiéndolas al mensaje de 'no valéis nada'. Porque en este caso el ombligo de cada cual se sentirá minusvalorado y atacado, lo cual promoverá su rebeldía, mientras que en la primera de las situaciones gustosas se rendirán a sí mismas y a su divinidad. Sin embargo, tras el elogio se encuentra el mensaje de 'no vales nada'.*

»*Poned por consiguiente en marcha esa valiosa energía de las personas que las activa a ensalzarse ante sí mismas y conseguiréis que rindan para vosotros. Únicamente tendréis que crear el cauce adecuado y ellas mismas se ocuparán de que el canal fluya bien repleto. Incluso llegarán a reprocharles su comportamiento a quienes no contribuyan en la medida que consideren que debieran hacerlo. De este modo quienes se rebelan aparecerán como 'apestosos' en vez de 'liberadores'.*

»*No hay mayor poder que el empleo de subterfugios, ni mejor subterfugio que el culto a la egolatría. Por eso el más poderoso es quien se sustenta en el ensalzamiento del ego ajeno más que en el propio.*

»*La dependencia es el anzuelo con que el poder retiene a sus huestes, y no hay mayor dependencia para cada cual que uno mismo y sus caprichos.*

»*Por eso, el darse apariencia de poder a uno mismo es percibido como un ataque o minusvaloración de los egos de los demás, mientras que si son ellos quienes proclaman vuestro reconocimiento y quienes se sienten orgullosos de ensalzaros ofreciéndoos una excelsa apariencia, os sentiréis, a la vez que sometidos, pletóricos. Así es la consistencia mental y la naturaleza de los hombres.*

Pensé que quien de ese modo hablaba y creaba esos pensamientos no podía ser más que un ladino, una víbora que no daba la cara sino que se escurría y deslizaba inoculando su veneno de modo imperceptible.

AN SPIORAD (EL ESPÍRITU)

En que habla del poder de lo etéreo para conseguir lo material

a búsqueda del ser es quizá la más noble actividad de las personas.

»Está bien que os dediquéis a la búsqueda de vuestro ser, porque es una actividad desprendida y sublime, pero no es nada práctica. Dedicaos por tanto a ella, pero después de que os hayáis sentido colmados de poder y dinero. El tener y el representar son realmente útiles.

»Porque solo el dinero os permitirá concentraros plena y despreocupadamente en un sentimiento tan noble como la búsqueda de uno mismo y su espiritualidad.

»Lo sublime requiere tener antes la garantía de poder comer cada día. Comer poco, si se prefiere, pero por voluntad propia y no por obligación.

»El encuentro consigo mismo es algo que siempre han deseado, porque ansían sentirse en paz, y nada hay como la paz interior.

»Leed esta cuestión desde una perspectiva distinta. Si eso es a lo que aspiran, quienes les ayuden o insten a promover la consecución de ese ansiado bien inherente al ego de las personas se verán ensalzados y conseguirán inmenso poder.

Una vez más aparecía la satisfacción del ego ajeno y el culto a su ombligo como inmensa fuente de poder.

—*La espiritualidad de los demás puede ser una inmensa fuente de recursos y economía para vosotros. Hará levitar a las manadas de 'caoirigh'.*

»En su búsqueda de la espiritualidad, las personas no buscan lo que son sino cómo quisieran ser. Tenedlo bien en cuenta a la hora de conducirlas y orientarlas.

»No hay ser más placentero que aquel que se ve a sí mismo como le gustaría sentirse y ser visto. Si lográis que alcance ese estado de egolatría se dejará conducir mansamente y hasta atenderá todos vuestros deseos, como maestro por el que sentirá devoción y ante quien se doblegará gustoso.

»Nunca les habléis como si fuerais sus orientadores porque entonces puede existir el riesgo de que vuestras palabras sean consideradas una trampa. Enviadles vuestros mensajes como si lo que estuvierais haciendo fuera conversar con vosotros mismos. De este modo estaréis incitando a que tengan la percepción de que es por su libertad de decisión por la que se os adhieren voluntariamente. Entonces la trampa la harán propia y será mucho más certera y su aprisionamiento más firme.

»No hay coraza más severa que la que cada cual se construye pensando que lo hace en el ejercicio de su propia libertad. Así de poderoso es el ego.

»Por eso, crear el sentimiento del libre albedrío, adecuadamente adiestrado, es el mejor modo de conseguir seguidores sobre los que adquirir poder.

No sabría decir cuándo resultaba más cínico y peligroso aquel personaje: si cuando actuaba como agitador y excitador de voluntades o cuando se mostraba endeble, suave, comprensivo y necesitado de ayuda.

Sabía desenvolverse en un amplio rango de formatos expresivos para provocar el efecto que deseaba. La fuerza de su teatro resultaba un movilizador de extraordinario vigor.

AN CEANN SCRÍBE (EL DESTINO)
En que se refiere a las trascendencia de la meta

os poderosos saben muy bien que es la energía de las masas la que los enriquece y refuerza su poder. Por eso es más poderoso quien maneja el arte de convertir su dominio en una alianza con sus seguidores.

»Saben muy bien que las manadas tienen comportamientos muy diferentes a los que ostentan los individuos aislados. Y como no se puede convencer a los individuos uno a uno, seguid el ejemplo de los carneros y hacedles creer que los mastines y pastores son sus protectores y salvadores.

»Si hacéis creer a una sociedad que es dueña de su destino conseguiréis que la inmensa mayoría de las personas les entreguen su máximo esfuerzo.

»Porque quien se obceca en la creencia de ser propietario exclusivo de su destino cabalgará en línea recta hacia ese propósito, no viendo más allá de sí mismo. Y de ese modo todos aquellos con quienes se cruce le parecerán obstáculos.

»Surgirá así una fuerza multiplicadora de conflictos que destilarán una inmensa energía y promoverán la desconfianza, la desunión y el caos, de forma que el poder se verá con las manos aún más libres para llevar a cabo sus propósitos de dominio.

»Hacer creer a las personas que sus vidas dejan huella les hace sentirse orgullosas y entregadas a su camino. Mientras, el poderoso es bien consciente de que lo único que realmente queda al final es lo que se ha logrado acumular como consecuencia del ejercicio del poder.

»*La idea de la trascendencia y el legado de la vida es como el pienso, que alimenta el orgullo de los componentes de la manada para que nunca cesen de mantener la máxima actividad obsesiva, y distraerlas así de la parcela que quiere para sí el poderoso.*

»*Desatar el ego de hacer el bien en los individuos de la manada es el mejor aliado para que quede campo libre a que el poder actúe a su conveniencia.*

»*El poderoso asume con imperturbable naturalidad los reproches, incluso acerca de la honestidad de sus acciones, si eso le permite continuar en su dominio y acumular más. Pero es más perspicaz quien consigue convertirse en referente de bondad, porque desde esa posición moviliza con facilidad a las masas a su antojo.*

Fue entonces cuando sucedió: un intenso y agudo sonido, mucho mayor que el que había escuchado cuando ascendía hacia aquel templo misterioso que brotó en la noche. Los oídos llegaron a dolerme. Entorné incluso los ojos tratando de encontrar el origen de aquel histérico griterío. Me sorprendí al comprobar que parecían ser las florecillas de color rojizo intenso las que, excitadas, movían sus pétalos al viento produciendo aquel extraño sonido.

Agudicé todo lo que pude la mirada mientras mis oídos se encontraban heridos, porque me parecía increíble lo que estaba viendo. Miles de florecillas al unísono creaban un jolgorio de irascible intensidad. ¡Parecían aplaudir, como si de un grupo de enfervorizaos seguidores se tratara!

«Te estás volviendo loco», me dije a mí mismo.

An díoltas (la venganza)
En que reflexiona sobre las fuerzas negativas

—Puede más la venganza que la ganancia. A esta la mueve la ambición, pero a aquella es la pasión la que la activa y desarrolla. El ego de su ombligo se expande gozoso cuando ve cumplido su deseo de venganza.

»La ambición satisface al tener, pero es el ser quien está en juego para la venganza.

»Tenedlo en cuenta a la hora de construir la arenga con la que vayáis a conducir a la aborregada manada de 'caoirigh'.

»Aprended, por tanto, que doblegar al otro puede crear grandes amistades, pero también peligrosos enemigos, así que procurad que sean otros quienes hagan ese trabajo para vosotros mientras una densa pantalla os mantiene bien ocultos y protegidos.

»Siempre encontraréis quien encuentre satisfacción y placer en poder vengarse. Para eso os será un mastín muy útil.

»Lu venganza es el cambio de posición en el dominio. Conlleva un placer interior que, aunque efímero, ciega a las personas y enaltece a manadas de multitudes. Pero desde el momento de su proclama genera ya un bando de irreconciliables enemigos.

»Usad por tanto la venganza cuando os convenga enardecer y desunir para hacer crecer vuestro poder, y si veis como incluso entre hermanos que crece el odio no os sorprendáis.

»Para encender la mecha de la venganza ni siquiera tenéis que disponer de hechos o razones que la justifiquen; basta con incendiar los instintos, incluso con los más absurdos pensamientos. La venganza está siempre presta a actuar. Es un absurdo que domina a los seres humanos. Por eso las personas de buena fe son quienes peor interpretan y prevén los comportamientos de otros humanos. Porque dar rienda suelta a ese salvaje instinto les parece incomprensible y deleznable.

»Sin embargo, no hay razón que sea capaz de detener el ansia de venganza. Solo la represión o la victoria calmarán su sed y aplacarán su ira. Únicamente el severo demonio de otra fuerza estricta que se le contraponga es capaz de detenerla.

»Solo se comprenden y atienden las razones cuando quien las expone tiene más poder y, por consiguiente, esa capacidad para dominar. Entonces algunos abren los oídos. Pero a veces ni siquiera toda la fuerza del poder es capaz de detener a una masa desbocada que clama venganza.

No podía imaginar cómo aquel griterío desbordado que casi enloquecía escuchar podía haberse convertido en un conjunto de risas histéricas y desaforadas. Pensé que estaba loco por pensar esto, pero cada vez tenía más esa impresión.

La base de pétalos iluminados parecía un grupo de bocazas abiertas elogiando a aquel *caomhnóir rúndiamhair* (guardián del misterio).

Era como si la sangre de la venganza excitara a aquellas florecillas pese a lo inanimado de su ser.

¿Eran alucinaciones lo que padecía?

AN TAOBH DORCHA
(EL LADO OSCURO)

En que se refiere a las caras ocultas del firmamento

El ambiente, como he dicho, resultaba cada vez más extraordinario e incomprensible. Es como si todo fuera perdiendo su forma normal de comportarse y esa atmósfera calentara exponencialmente su nivel de excitación. Aquel personaje tenía el don de encandilar y alterar la marcha normal de las cosas.

Su apariencia mudaba de apacible a radicalmente agresiva a pesar de su estatismo. E incluso sus movimientos, cuando rara vez los hacía, eran controlados y sin aspavientos. Parecían fórmulas litúrgicas preconcebidas y con un ritmo medido para impresionar.

Así fue como en un momento sus manos levantaron un apergaminado libro al que hizo gestos de adorar y mostró con orgullo:

–*¡Aquí está el poder de Ochtagán!* –exclamó. Y el ya insoportable griterío se encendió más aún como si fuera una plegaria.

–*Poderoso es quien tiene la habilidad de utilizar con naturalidad a su «otro yo» cuando lo precisa.*

»*La cultura y las tradiciones sostenidas por los creadores de conciencias popularizaron el concepto de que ese otro ser se corresponde con el lado oscuro terrible y depredador del que uno se debe desprender. Pero en realidad no es más que una versión de la naturaleza humana.*

»*El poder de antaño ha creado la mala conciencia en conveniencia suya, para que los 'caoirigh' de las manadas la desechen de su comportamiento, reservándose así esos modos de hacer para los poderosos. Los acusarán de malignos, pero ¿qué más les da mientras se dobleguen ante ellos?*

»Quien rompa esa barrera mental ficticia y se supere a sí mismo descubrirá los gozos del poder pleno y absoluto, sin reservas ni reproches internos.

»Fueron los pastores constructores de conciencias quienes se ocuparon de hacer sentirse felices a los borregos siguiendo el camino de la manada.

»Colocaron y adiestraron a los mastines para ofrecerles protección y garantizarles tranquilidad mientras ellos dormitaban y sus protegidos pastaban felices en las verdes y frondosas praderas.

»Y si algún borrego se intentaba rebelar, eran también los mastines quienes en jauría, si era preciso, lo devolvían a la vida correcta y a la posición que les correspondía en el mundo feliz.

»Así, y de este modo, todos acabaron viviendo en armoniosa calma. Los borregos en su placentera y bucólica ignorancia, los mastines alejados de sobresaltos con una guardia en calma, el pastor dedicado a la fabricación de sus quesos y supervisando la paz, y el dueño engordando su poder y riquezas.

»Es la 'Dli féarach agus an bhainisteara' (ley de los pastos y el pesebre): trabajar confortablemente cada cual para su estamento superior. Una ley por la que el dueño permanece en lo más oculto y, cuando se acerca, es recibido con la jubilosa bienvenida que se le da a quien trae pienso para el pesebre. Que su aparición sea motivo por tanto de algarabía.

»Haced que la visita del pastor sea siempre una jornada de celebración y regocijo. Proveedle de unos puñados de pienso para que los esparza ante los 'caoirigh'. Veréis cómo corretean jubilosos en su busca.

»*Y garantizaos que el pastor, sin alaracas, deje claro que ese gesto lo hace en nombre del amo. Pero ocupaos de que lo haga sin aludir a él con ostentosas proclamas porque de ese modo el nombre del poderoso logrará más fuerza y conseguirá más adeptos.*

»*Hablad a los 'caoirigh' de un futuro posible lleno de paz y provechosa vida. Convencedlos de que sus logros futuros serán consecuencia de sus esfuerzos de hoy y les veréis entregarse obsesivamente a su tarea con la mayor intensidad y energía.*

»*Recordad sin embargo que debéis conseguir, de cuando en cuando y en el momento que os convenga, que esa vida apacible sea quebrada y alterada por alguien. Poned buen cuidado en elegir a quien luego usaréis como chivo expiatorio ante todos por haber alterado la equilibrada convivencia. Sobre él haréis caer el poder de vuestra justicia, que os reclamarán que impongáis para la protección de la comunidad. Así conseguiréis un mayor clamor y fortaleza por parte de vuestros seguidores.*

»*No olvidéis que es lo que se pierde y en el momento en que se pierde es cuando empieza a valorarse.*

»*Muchos de los pastores a los que se denomina líderes no son más que meros perros que caminan erguidos y envueltos en oropeles que sirven, como fieles lacayos, a los deseos de los poderosos ocultos, que se refugian tras las bambalinas para desde ahí ser impunes. Y no hay esbirro más servil y útil al poder que aquel que se cree 'ser alguien', porque desde su egolatría defenderá con mayor ahínco las órdenes que se le sugieran.*

»*Es el cluirche tráthnóna (juego de la penumbra) manipulador. Si queréis ser poderosos deberéis aprender el 'ealain na láimhseáil' (arte de la manipulación) y el oscurantismo.*

FREAGRACHT (RESPONSABILIDAD)

En que habla sobre la importancia de que otros
profesen la virtud

No pude dejar de poner cara de extrañeza cuando recibí aquel agresivo y desolador mensaje. Y más aún cuando pareció mostrar que aquellas enseñanzas que él pronunciaba podrían estar recogidas en el libro que nos había mostrado. Todo resultaba desconcertarte y diabólico. Aquel debía ser el *leabhar na n-olc* (el libro del mal).

Mis manos ascendieron instintivamente hacia mi cabeza y mis dedos índices taponaron mis oídos para poder soportar aquel ruido extremo. Mis ojos, aún confusos, decidieron querer mantener tan incomprensible visión. Entretanto, su voz ronca y profunda continuó con su mensaje.

—El sentido de la responsabilidad es uno de los instrumentos más eficaces que podéis usar en vuestro beneficio.

»Mediante el sentido de la responsabilidad podréis cargar sobre hombros ajenos el peso de una mochila de la que el poderoso se libera. Porque el poderoso solo piensa en sí mismo y hará que el interior de los otros se convierta en su aliado.

»El sentido de la responsabilidad es una especie de virus que trabaja desde el interior de los 'caoirigh', haciéndoles reprocharse el no hacer las cosas bien. Y ese 'deber hacer' será el que más convenga a vuestros intereses. Porque lo que es el 'bien' es el poderoso quien lo decide.

»Los mastines se reprocharían el que sus borregos sufrieran el ataque de los lobos sin salir en su defensa aún a costa de poner en riesgo su vida.

»*Objetivamente hablando: ¿en qué le afecta al mastín perder uno, dos o tres borregos? ¿Acaso no es para él lo mismo cien que noventa y nueve o noventa y ocho? ¿No sería tener que vigilar a menos un trabajo más liviano para él?*

»*Y, sin embargo, su interior no se lo puede permitir. Su sentido de la responsabilidad les impide actuar de modo racional. Y su impulso vence a su razón.*

»*El sentido de la responsabilidad jugará con tanta fuerza a vuestro favor como pese en la mochila del contrario.*

»*El sentido de la responsabilidad es como un susurro de la conciencia ('cogar an choinsiasa') que la obliga a ir en determinada dirección.*

»*Sin embargo, quien tiene conciencia de ser una moneda y de que como tal posee dos caras, será capaz de elegir la que más le convenga a cada momento. La cara o la cruz; ambas pueden tener utilidad según el caso y las circunstancias.*

»*Observando objetivamente, la cuestión es la siguiente: ¿por qué el sentido de la responsabilidad tiene que actuar en una dirección y no en la contraria? ¿Por qué ha de sobresalir uno sobre el otro, especialmente cuando tiende a prevalecer el que menos nos conviene?*

»*Si quitáramos la influencia de la conciencia, cualquiera entendería perfectamente que cada cual optara por defender su interés y conveniencia. Cualquier otra posición no es más que un límite absurdo. Nadie tira piedras contra sí mismo, salvo que la conciencia se lo ordene desde un sentido de la responsabilidad erróneamente interpretado.*

»*Podemos decir que la fidelidad que exige el sentido de la responsabilidad puede convertirlo en sentido de la irresponsabilidad hacia uno mismo.*

»*Por el 'sentido de la responsabilidad' han perdido la vida algunos de los más poderosos mastines ante jaurías de lobos hambrientos. Pero a veces hay que sacrificar mastines para crear héroes que ensalcen al pastor. El amo siem-*

pre puede conseguir un nuevo mastín; para eso tiene su propio criadero.

»*El sentido de la responsabilidad es en ocasiones impulsado por el poder que lo controla, o por los enemigos que desean usurparlo. Al viento suave que se introduce por los resquicios se le añade la fuerza de lo invisible.*

»*Las personas se entregan al sentido de la responsabilidad por cosas tan absurdas como haber nacido en algún lugar, lo cual es fortuito, o por trabajar en una compañía o dentro de un departamento. Eso no tiene nada de racional. Es un absurdo que obedece a un instinto descontrolado. Es el peso de aquello en lo que han sido instruidos.*

»*Preguntaos si realmente vale la pena martirizarse por algo así. Porque si lo fortuito te hubiera llevado a otra posición ahora estarías defendiendo con la misma intensidad lo contrario.*

»*Y el poderoso sabe muy bien cómo manejar la responsabilidad; la suya propia liberándose de ella, y la de los demás creándoles un estrecho cinturón que los conmina.*

Algo, no sé qué, pero desde luego no racional, me mantenía absorto. Cada vez las cosas me resultaban más desagradables, pero me surgió una duda: ¿Sería la esencia de aquel mensaje todo lo *contra natura* que yo creía? ¿Pero si no lo creía, por qué permanecía allí aún? ¿Por qué yo mismo he sido siempre un profundo defensor del sentido de la responsabilidad? ¿Por un ejercicio de libertad y convicción o por el sometimiento a aquello en lo que había sido instruido y entrenado? Reconozco que la duda empezó a hacerse un hueco en mi pensamiento.

JUGGLERS (JUGLARES)

En que se ocupa del impacto que tiene el modo
en que los coros cantan las cosas

as gentes se creen libres al escuchar a los juglares. Creen que ellos son la boca que con pureza traduce la verdad y la libertad. No piensan que solo son el instrumento que pone voz y sonido a lo que se les ha filtrado.

–*No olvidéis –decía– que cada época ha tenido sus juglares y a través de ellos se han transmitido no solo noticias, sino opiniones, historias y enseñanzas. Lo que ha cambiado han sido los medios, no el concepto.*

»Los poderosos se dieron cuenta enseguida de la influencia de sus palabras en los grupos humanos, así que empezaron a controlarlos y a hacerles llegar filtradas las opiniones que querían que fueran transmitidas. Ayudadles a que envuelvan sus mensajes con música, porque esta promueve la alegría y, de ese modo pegadizo, inocula mejor y con más facilidad su mensaje en las almas ingenuas y confiadas que se desgañitarán cantando los himnos que a vosotros os convengan.

»Pronto aquellos divulgadores perdieron su libertad de expresión popular para transformarse en voceros. Y tener opiniones propias empezó a ser algo perseguido o marginado.

»Sin embargo, someterse a las indicaciones recibidas y mostrarlas con apariencia de libertad les proporcionaba confort, seguridad y hasta reconocimientos especiales. Todos ellos son buenos pesebres para un 'caoirigh' que quiere

encabezar la manada y que es consciente de que el mastín vigila desde su apariencia bondadosa.

»Dejad que los juglares cuenten, que sus canciones se extiendan. Nunca discutáis con ellos sobre su bondad. Por el contrario, convertidlos en adalides de expresión y creadles seguidores, porque no hay modo mejor de infiltrarlos en masa.

»Os dará más poder facilitarles su camino que oponeros a su quehacer. Porque al ayudarles los oficializáis e integráis en el diseño de conjunto.

»Son un instrumento para que la manada se sienta importante y librepensadora.

»¡Es tan poco lo que pide para sentirse valiente y valiosa!

»Necesitareis juglares que canten a la libertad y se enorgullezcan de ser incisivos con el poder de los mastines y los pastores, porque ese es el alpiste que necesitan.

»Presentadlos como referentes de valentía. Incluso ayudadlos en su proyecto. Dejadles gritar y ascender, porque cuanto más alto lleguen más abrumadora será su caída y con más facilidad serán engullidos.

»Exaltándolos podréis ayudarles a crear su propia 'tumba de silencio'.

»Ayudadlos a que consigan lo que sus egos persiguen: ¡Popularidad y fama!

CAIPÍNI (CONFLICTO)

En que explica la utilidad del antojo

He de reconocer, aún a pesar de parecer enloquecido, que aquellas destellantes plantas rojizas parecían entusiasmarse. Y su excitación aumentaba su brillo. Es como si, sintiéndose y demostrando ser seguidoras del *Ochtagán*, quisieran exponer su valor. Aquellas manifestaciones eran como el espejo en el que se reflejaba su ser y el vaso que bebían para satisfacer los deseos de su personalidad.

Noté cómo empezaron a destilar un suave líquido colorado de apariencia bien licuada, que aquel *múinsteor* (maestro) recogió parsimonioso en una especie de vasija reverencial ('*árthach urramach*').

Como si hubiera leído mis pensamientos siguió con su discurso.

−*Dejad engordar a los «caoirigh» de la manada. No limitéis sus deseos ni os empeñéis en cebarlos. Simplemente facilitadles la ruta y ellos solos se os entregarán.*

»No hay mayor dependencia que la de los caprichos. Y la dependencia, cuanto más fuerte sea, más favorable resultará para vuestro poder y para implantar vuestro dominio.

»El capricho obedece a algo interno. Es por tanto invisible por lo sutil y fuerte por su enraizamiento. El capricho tiene mucha relación con el sentido de la libertad.

»Quien se concede un capricho, considera que accede a algo extraordinario a lo que, aunque le suponga un esfuerzo o cierto sacrificio, tiene derecho.

»*Cuando esfuerzo o sacrificio desaparecen, queda solo el derecho a acceder a algo extraordinario; el capricho entonces se normaliza y somete a la voluntad creando dependencia.*

»*Por eso quien crea la tentación controla a través suyo el pensamiento y los comportamientos de los ansiosos caprichosos.*

»*El poderoso que crea tentaciones y las hace asequibles facilitando su consecución estará controlando los comportamientos, porque así domina las percepciones de libertad.*

»*Es el pago que por la falsedad de la coquetería y el capricho las personas están dispuestas a realizar sin la más mínima autocrítica ni rebeldía.*

»*Haced creer a los 'caoirigh' que cada uno es diferente y que él es un 'elegido', distinto a los demás y aspirante al éxito. De este modo conseguiréis situar a muchos en la línea de salida. Todos querrán participar en esta carrera por el triunfo. Convencedlos de que 'querer es poder'; dejad incluso que algunos lo consigan para que sirvan de referente y ejemplo de modo que otros muchos se apunten a participar y que todos se esfuercen hasta la extenuación.*

»*¿Y qué supone el peaje de tener que hacer hueco a unos pocos si a cambio conseguís el esfuerzo entusiasta de todos para vuestro servicio? No os preocupéis de los que 'llegan al éxito' porque también desde allí son una herramienta para el deslumbramiento de la manada. Y cuando dejen de resultaros útiles siempre podréis provocar su caída u obsolescencia haciendo que vuelvan a ser uno más.*

»*Si esa vulgarización sobrevenida les resulta insoportable, nuevamente pondrán todas sus energías en desarrollar un nuevo proyecto desde la línea de salida en la convicción de que lo que un día lograron puedes volver a conseguirlo de nuevo.*

»*En cualquier caso os ofrecerán dos nuevas oportunidades; si les permitís o ayudáis a llegar nuevamente, os
servirán de ejemplo para aleccionar sobre el valor de la per-
severancia y el entusiasmo. Y si no logran su reto, podréis
ponerlos también como ejemplo de quienes, tras demostrar
que el sistema funciona, se entregaron a la dilapidación y el
culto de su propio ego.*

»*Cualquiera de las dos situaciones os resultará útil y
podréis conseguir beneficio de ello.*

»*Cuidad por tanto la imagen de los 'distinguidos'; haced de ellos vuestros aliados y usadlos de combustible para
maximizar la energía de todo el resto.*

»*¿Qué os importa ayudarles a que se den un capricho?*

Dlithe (leyes)

En que se detiene a comentar la utilidad de un instrumento que convenza de la igualdad

El poderoso Ochtagán hace que las masas de borregos sean educadas, no solo en el conocimiento de las reglas y normas, sino incluso en su demanda, como si de un bien superior se tratara para proteger su convivencia.

»Deciden someterse a ellas y aceptan que les sean impuestas por la fuerza por los mastines y pastores.

»Reconocer al amo como aquel que protege el bien común de la convivencia y la paz es aceptarlo como superior y así la sumisión se hace intrínseca a su ser.

»Esa 'conciencia educativa' es generosamente cultivada por el amo a través de todos los estamentos porque es el modo de sostenerse por encima y enviar a sus lacayos a ejecutar las medidas más duras, con la justificación de la protección y defensa de la manada.

»De ese modo, los borreguillos, desde su primer aliento de vida son entrenados en el amor a la norma.

»Incluso —y para que el concepto tenga mayor calado— se permite que en reducidos ámbitos sean las propias madres de los borregos quienes creen sus propias normas y se las impongan a sus crías, porque ese es el modo más eficaz de instruirlos e introducirlos en la fe a la norma como una muestra de 'sentido natural'. Y así la propia manada garantiza al poder su orgulloso sometimiento y el recorte de la libertad que la naturaleza le ofreció.

»*La renuncia voluntaria no se considera una limitación sino un inteligente modo de convivencia pacífica. Así engordan el ego de los devotos.*

»*Los creadores de normas se sienten orgullosos protectores de la manada. Y entre tanto el poder subrepticiamente les dicta desde la penumbra lo que ellos deben crear.*

»*El amo hace que sus siervos más notables fomenten las escuelas de adiestramiento de los 'caoirigh', no como un bien al que deben someterse, sino como un derecho al perfeccionamiento. Y así el poderoso lo es más.*

»*Sed conscientes de que ese modo de hacer es tan eficaz para el poder que es él quien se arroga la exclusividad del fondo y la forma en que las crías deben ser educadas. Y son sus delegados los que gozan de la facultad y capacidad exclusiva de instruir.*

»*A través de ese mecanismo se fomenta el orgullo de ser educado, la uniformidad de pensamiento y creencias. Y así se evitan las rebeldías de formas de pensar diferentes.*

»*Todos deben sentir el orgullo de beber de la 'árthach urramach'* (vasija reverencial) *de Ochtagán. Quien no acuda a beber quedará marcado y señalado. Solo los impuros se pueden negar a la bendición de Ochtagán.*

Y a renglón seguido, aquella mano venosa y angulosa me ofreció con un gesto, que más parecía una orden que una invitación, un sorbo de aquel elixir que había recogido de las hermosas florecillas acampanadas.

Estaba dubitativo pero noté que se había hecho un profundo silencio de expectativa. Incluso los encapuchados se habían vuelto hacia mí observándome atentamente. La encerrona estaba servida. O mostraba mi dócil adhesión reverencial a la esencia de *Ochtagán* o sería sometido al asedio de todos aquellos fieles de devotos.

Bebí un sorbo de aquel dulzón y agradable brebaje.

An diabhálach (lo dañino)

En que habla sobre el empleo de la malicia como
imán de atracción de las personas

No olvidéis que lo dañino es poderoso por la misteriosa atracción que ejerce. Es una fuerza irresistible que actúa como un imán.

Yo mismo estaba comprobando en persona la certeza de aquellas palabras. Pese a repugnarme, internamente sentía que algo me impelía a permanecer allí. No era el miedo a su reacción y la de sus seguidores en el caso de que me rebelara, sino el fulgor y poderío de aquel mensaje. Ya he dicho antes que resultaba un imán invisible.

—Escoged un grupo de seres bondadosos —continuó—, excitadlos adecuadamente y dispondréis de un conjunto capaz de ejecutar los más crueles y sádicos crímenes.

»A pesar de que el raciocinio perciba el riesgo y el daño que les puede causar, las masas se arrojan de bruces en brazos del terror empujadas por un impulso irracional que las domina. Es entonces cuando el absurdo más impensable puede acontecer e incluso desatar la pasión de cantidad de seguidores. Porque así es también la naturaleza instintiva; capaz de causarse un daño irreparable por un sinsentido que la absorbe.

»Lo dañino puede provocar incluso placer, no solo cuando se ejerce sobre otras especies o personas, sino incluso cuando se lo aplican sobre sí mismas. Es la atracción del autoflagelo al que la conciencia puede orientar.

»Así de extraños son los impulsos que arremeten y dominan a la naturaleza humana.

»*Los poderosos lo saben bien y conocen el modo de movilizar el daño en su favor. Excitan la capacidad de producirlo facilitando instrumentos. Esta es una baza que el poder, a través de sus pastores y mastines, utiliza en su provecho.*

»*Es más fácil excitar el daño que promover la bondad y sus efectos son mucho más inmediatos.*

»*Igual que los borregos practican la inmolación sin oponer resistencia porque la consideran su inevitable destino cuando son conducidos al matadero, los humanos se entregan entusiastas a la destrucción cuando su ser es adiestrado en que eso forma parte de una honorable visión de la vida.*

»*La paz no existe. Lo que las personas definen como paz no es más que un estado larvado o sumergido de la guerra.*

»*Siempre hay alguien intentando usurpar el espacio de otros y queriendo imponer su dominio, porque los seres humanos son absurdamente ambiciosos e insaciables. Cuando no están en guerra frontal, están tratando de corroer los cimientos de aquel a quien consideran su enemigo. Y aunque aparentemente muestren sumisión, no es más que una estratagema que, envuelta en una falsa y devota sonrisa, persigue el triunfo sobre el otro.*

»*Tal es el apego a lo dañino.*

Si yo estaba cautivado, puedes imaginar la desbordante euforia que reinaba entre aquellos encapuchados seguidores que lo rodeaban a modo de *guardia de corp* a una distancia y con una actitud respetuosa e incluso reverencial.

Ceirtléan (aglomeración)

En el que habla del efecto de la masificación

*L*a manada, para ser tal, tiene que estar agrupada. Los 'caoirigh' por separado no conforman una manada.

»*La manada agrupada es más fácil de controlar y conducir. Y cuanto más apretada se encuentre, más fácil y cómodo se lo pone a sus conductores.*

»*El argumento de una mejor defensa es la excusa con la que se educan para de ese modo ser ellos mismos quienes tiendan a permanecer juntos. Así, las órdenes que reciban de los mastines tendrán una mayor eficacia.*

»*También ayuda a que el pastor esté más cómodo, los mastines tengan menos trabajo y los borregos se sientan más protegidos. De la conjunción de todo surge la felicidad que todos desean. Y el amo observa plácidamente que todo se encuentre en calma, orden y bajo control.*

»*Recordad siempre que pueden ser muchos, pueden estar agrupados, pero no por eso tienen que sentirse más unidos. Con frecuencia la proximidad genera incomodidad y eso crea enfrentamientos y hasta conflictos.*

»*Los humanos pertenecen todos a la misma especie, pero eso no significa que se soporten bien entre ellos cuando se los agrupa y concentra. Y ese puede ser un buen recurso para el poderoso.*

»*A veces, el mejor modo de romper la unidad consiste en el agrupamiento; porque de ese modo las personas se molestan y estorban unas a otras, y surgen desavenencias y envidias entre vecinos que fracturan los lazos. Es la mejor técnica para crear un grupo amorfo.*

»Porque es más fácil creer en un líder cuando se le conoce a distancia que cuando se tiene que convivir con él; pues entonces, en la proximidad, se descubren y sufren todos sus defectos y manías.

»La fricción de la cotidianidad demuele todos los mitos.

A un gesto suyo, los encapuchados se le aproximaron un paso cerrando un círculo en torno a su persona. Era como si aquel discurso sobre la proximidad entre los miembros de la manada hubiera comenzado a hacerles efecto. Sus figuras, corpulentas y erguidas, continuaban ocultando sus rostros pero transmitían un orgullo de pertenencia al séquito. Me vino a la mente la idea de la manada de *caoirigh* apoyando a sus mastines guardianes y a su pastor.

Entonces percibí que un olor ácido, potente y azufrado, que incluso producía una lacrimosa reacción en los ojos, llenaba el ambiente.

La mezcla salina provocada por la bruma proveniente del mar al chocar las turbulentas aguas contra los acantilados, unida a aquel nuevo olor, hicieron el ambiente cada vez más irrespirable.

Parecía como si el sentido del olfato también quisiera unirse a aquella dramática escena.

Me restregué los ojos pero con ello tan solo conseguí empeorar mi sensación y agudizar mi llanto.

Charnadh (acumular)

En que habla de la pasión que activa la codicia

Los «caoirigh» se entusiasman ante el pesebre que contiene una buena dosis de pienso. Eso les hace egoístas, ansiosos y pierden la cabeza.

»Ayudar a tener más es una estrategia que utiliza el poder para generar entusiasmo y producir energía. Es un inductor muy eficaz.

»Cuando las personas poseen se sienten diferentes y próximas al éxito. Tener y ser alguien con éxito es algo que se correlaciona de forma directa.

»Además, el tener construye un círculo expansivo que crece exponencialmente. Las personas están dispuestas a hacer lo que sea con tal de poseer.

»El poseer emborracha. Todo parece poco y empuja a acumular, lo cual es un sinsentido para el cual no existe explicación racional, pero al que sin embargo se entregan con fiereza y dedicación vidas enteras.

»Muchas veces se posee sin saber para qué, porque lo que se tiene ni se necesita ni siquiera se usa, pero no se puede vivir sin ello.

»Quien conoce bien los comportamientos de 'enfermiza bondad' instalados en el corazón de los individuos sabe perfectamente que no logra acumular más quien adquiere fama de avaro y ladrón, sino por el contrario aquel que apela a un gran bien para la humanidad, se hace representante de la protección de los débiles y proclama una distribución equitativa.

»Adquirir el rango de 'protector de los débiles' ofrece la posibilidad de convertirse en el administrador de las riquezas que se recogen o que se consiguen de donaciones procedentes de acciones solidarias.

»El que alcanza esa posición nunca será tachado de egoísta, avaro o aprovechado, sino que puede ser incluso admirado como conductor de buenas acciones hacia los demás.

El veneno de aquella víbora se introducía hasta en lo más profundo de las personas. Aquella figura gibosa me parecía la mayor representación del mal que jamás hubiera sospechado que pudiera existir sobre la Tierra. Sus seguidores lo admiraban a todas luces por su sinuosidad y profundidad de pensamiento. Estoy seguro de que eran conscientes de que era un magnífico conocedor de la naturaleza de las masas organizadas en manada.

Nunca hacía referencia a nadie en concreto, y sin embargo arremetía contra todos sin mostrar el menor síntoma de respeto o piedad.

Sabía reptar por los entresijos sociales con indudable habilidad y sofisticación para su provecho.

Tubaiste indíraech
(dominación indirecta)

En que elogia la invisibilidad

—¿Acaso crees ingenuamente que los que mandan son quienes ocupan los cargos de poder más visibles?

»El realmente poderoso ni tiene ni quiere cargos porque prefiere la libertad de movimientos.

»¿Acaso crees que los 'caoirigh' tendrían mejores mandos por el hecho de ser ellos quienes los eligieran? ¿No sería más bien ese un método del poderoso para, al sentirse elegido, doblegarlos y obligarlos a un mayor sometimiento?

»¿Acaso tiene fundamento alguno el que, por el hecho de que ser elegidos, las preocupaciones y decisiones de los mastines o el pastor vayan a ser tomadas en función de la conveniencia de los borregos en vez de por los intereses del amo?

»¿No veis como muchos de quienes se sientan en lujosos y hermosos despachos se desplazan en extraordinarios automóviles o viajan en aviones privados no son más que burdos payasos que ostentan su cargo a cambio de ser serviles con el poder real? ¿O que sus acciones más aparatosas no son más que una distracción para ejecutar sus fechorías y abusos impunemente y que estas pasen desapercibidas?

»¿Creéis que el poderoso tiene interés real en ocupar cargos vistosos para quedar expuesto y dejar a la vista su influencia?

»*Los 'caoirigh' saben que existen, pero no saben cómo son porque nunca se han mirado al espejo. Caminan orgullosos cuando su pelambre se encuentra en pleno desarrollo y se consideran distintos por su belleza pero no se dan cuenta de que sobre sus lomos una tintura de color los mancha identificando a quien pertenecen.*

»*Hacerles creer que son libres y dueños de sus destinos permitiéndoles una zona de expansión por la que corretear es un buen modo de mantenerles atados con una cadena de oro.*

Explicaba todo aquello mostrando el mayor orgullo; como quien se sabe poseedor de un arma poderosa para hacer dóciles a los individuos de una manada. Porque no hay mejor preso que aquel que se considera libre y entusiasta con su estado.

Mi mente imaginaba un lugar profundo, quizá en la mayor y más oscura sima del océano. Un lugar poblado tan solo por monstruos marinos capaces de mantenerse vivos en la negrura de las gélidas aguas. Unos seres que no conocían, ni conocerían jamás, porque el diseño de su naturaleza se lo impedía, ningún color, belleza o placer que no fuera engullir a aquel con el que se cruzasen. Unos seres orgullosos de ser temidos y arremeter contra cualquier tipo de vida. Unos seres tan terribles y dañinos como infelices y aterrados estaban de sí mismos.

Unos seres salvajes que reflejan fielmente la imagen del poder.

Trócaire (Piedad)

En que comenta los beneficios de apiadarse

¡Ay!, si hubiera sabido la repugnancia interior que iba a sentir escuchándole. Si hubiera conocido el agobio que embargaría mi ser por aquella húmeda mezcla de sabores y olores ácidos, azufrados y salinos unidos a la vez. Me encomendé a mí mismo para que mi exterior fuera capaz de mantener oculto mi desdén. Para contener las arcadas que el asco me provocaba.

¡Lo impuro que me sentía por el hecho de permanecer allí! Pero algo indefinido que no sabría describir me atraía y apegaba a aquel lugar y personaje. Sentía la necesidad —he de reconocer que hasta el interés— por conocer en su totalidad aquel mensaje que ya dudaba si obedecía a la realidad o a la ficción.

Prefería no pensar siquiera en las reacciones de aquel baluarte de maldad si llegaba a sospechar mi verdadero estado interior.

El guardián prosiguió sin aparentemente haber notado lo que cruzaba por mi mente.

—*La piedad es un primer paso hacia la bondad. Recordad la conveniencia de crear y ensalzar en los demás el sentimiento de piedad como una virtud a destacar y promover. Porque, de ese modo, si algún día por casualidad caéis en desgracia, siempre podréis echar mano de ella y solicitar que lo que defendisteis sea aplicado en vuestro beneficio.*

»El poderoso, hábil, sabe internamente que entre lo que se proclama y lo que se hace no necesariamente debe de haber coherencia. Siempre puede inventar nuevas razones que justifiquen ese cambio de actitud.

»*Porque los 'caoirigh' opinarán de vosotros según lo que de vosotros perciban, pues no son un grupo con fundamento sino que se mueven con impresiones.*

»*Si la coherencia os favorece siempre podréis usarla; más si no os conviene, podréis desdeciros, pero siempre con los hechos y no con las proclamas; porque estas quedan impresas en la percepción de las masas, mientras que los hechos siempre podéis vestirlos de piedad.*

»*Lo mismo sucede con el perdón; proclamadlo y pedidlo si acaso para vosotros. Para con los demás lo habréis de aplicar a vuestra conveniencia.*

»*Igualmente conviene al poderoso distinguir y elogiar la solidaridad, que se fundamenta en la compasión. De este modo logrará contribuciones del rebaño sin que ni los mastines ni el pastor tengan que extremar su rudeza. Incluso si llega a conseguir que tenga un calado profundo en el carácter de los individuos, serán ellos quienes entren en reproches los unos a los otros por no realizar mayor aportación a lo común. De ese modo el poderoso obtiene prebendas, distinciones y privilegios que le son aportados por terceros y que lo sostienen e incluso engrandecen.*

»*Eliminar lu autocrítica conviene al poderoso. Porque dejar que las personas profundicen en el pensamiento le resulta nocivo y peligroso. Prefiere a los que no se hacen preguntas y simplemente siguen el borbotón.*

»*¡Qué útil le resulta al poderoso fomentar las virtudes! ¡Y qué imagen de indulgencia se crea con ello!*

»*¿Acaso puede existir el dominio del poderoso sin saber manejar el cinismo?*

Teannas (tensión)

En que habla sobre la crispación como conductor

Cerró los dedos sobre la palma de su mano guardando en ellos la florecilla encarnada que antes había recogido y sopló con fuerza en el interior. Una especie de polvillo humeante y luminoso se esparció sobre el ambiente. Sus motitas brillaban como si de un micro-firmamento se tratara conformando una especie de lluvia de estrellas que se fue a depositar lentamente sobre el resto de florecillas extendidas por la pradera. Y aquella pócima etérea comenzó su vuelo. Al contacto entre unas y otras parecía que aquel fulgor se fuera extendiendo y convirtiendo en torbellino.

—¿Existe acaso forma más rígida y rigurosa de ejercer el dominio que conseguir que las personas pierdan su ritmo natural?

»Cuando alguien pierde el control de su propia naturaleza se entrega a un modo de vida desbocado que le crea agobio vital. Pero al mismo tiempo ese agobio hiperactivo actúa como una droga que embelesa y crea adicción, adentrando al pobre inconsciente en una espiral de angustia.

»Vivir asediado por una cadena constante de quehaceres empleando en ello el menor tiempo posible es la mejor forma de esclavitud.

»Ese vivir ansioso de que cuando se está en un quehacer ya se está pensando en el siguiente induce a la superficialidad y emborracha con el falso mensaje de la vida intensa.

»*Imagina el dominio que puede adquirir el poderoso sobre alguien abrumado por el quehacer diario. Tan solo con ofrecerle nuevas actividades le tendréis absorto en una crisis permanente de velocidad sin fin, un círculo de acero del que no tendrá escapatoria.*

»*Es la tragedia de la excitación por la generación de inquietud.*

»*Y no hay mayor inquietud que la creada por el conflicto que provoca la lucha de egos, porque es pasional e irrefrenable. El conflicto forma parte del cultivo del ego. Los seres entran en conflicto por querer tener razón, por mantener su imagen o por conseguir una recompensa, o por lo que consideran que está en juego. El modo en que quieren verse reconocidos por los demás es el generador de las desavenencias y conflictos.*

La lluvia de estrellas proveniente de aquel soplo, al depositarse sobre el resto de flores encendidas les provocaba excitación y las agitaba. Empezaban a mostrar vibraciones que chirriaban más y más acentuando el griterío que a modo de histérica carcajada emitían.

Era como si unas y otras quisieran abrirse paso entre sí provocando una agitación desaforada.

Y el griterío cada vez se mostraba más y más intenso. Como si les hubieran insuflado un picante que las envenenara.

Me recordó que los seres aturdidos por una pasión son los más dominados, incluso cuando en ella encuentran gozo.

An dúshlán (el reto)

En que se refiere al objetivo como
activador entusiasta

onvertir las órdenes en sugerencias que se transformen en retos para sus huestes es una de las herramientas más maquiavélicas y eficaces del poder.

»El fundamento del reto se asienta en el ego de las personas.

»Conseguir un reto pone en juego al propio ser consigo mismo y la imagen que desea ante los demás. Es una falacia, pues aunque el resto del mundo no esté pendiente de nosotros, nuestro ego prefiere pensar que todo gira en torno a él. Y cuando descubre que no es tan importante sino que si se le observa la mayor parte de las veces será tan solo por envidia más que por admiración, ya es demasiado tarde.

»El reto, en cuanto que superación, es una especie de ensueño que se convierte en objetivo prioritario y eje vital, hasta el extremo de que toda la vida gira en torno a ese propósito.

»El reto por superarse a uno mismo puede llegar a convertirse en obsesión, así que precisamente por eso constituye una extraordinaria zanahoria. Pero, además, al ser auto-impuesto por cada 'caoirigh' para sí, logra una extraordinaria intensidad.

»Es el poder del auto-flagelo.

La marea había subido hasta sus cotas máximas.

Aquel ser malicioso parecía salido directamente de aquellas negras y amenazadoras aguas cuyo violento choque elevaba olas que parecían querer desafiar a las puntiagudas rocas salpicándolo todo con estridencia.

Ese surtidor que se formaba rugía al caer sobre la masa incandescente escondida en una de sus cavernas y que, al sentirse agredida, expulsaba su energía en forma de denso vapor con olor a azufre.

De ese modo, si las palabras resultaban por sí mismas tenebrosas, el entorno no lo era menos. Ambos se conjugaron en una dramática armonía que hería todos los sentidos.

Slachtmbar (perfidia)

En que refiere al aprovechamiento de la maldad

No hay mayor ni más rigurosa perfidia que aquella que se lleva a cabo de modo subliminal e indirecto. Las influencias sutiles e imperceptibles desempeñan un gran papel porque guardan las apariencias y la imagen externa mientras se ejerce el más férreo control impositivo.

»Con frecuencia, la 'modernización', como concepto que excita a las masas, no es más que el 'caballo de Troya' que se inserta en las venas para ejercer el dominio cultural sobre una sociedad de 'caoirigh'.

»La dominancia indirecta impregna de forma astuta y sin levantar suspicacias.

»La apariencia de bondad es una de las herramientas más eficaces de la perfidia por la atracción cultural que ejerce. Fijaos en las actividades de entretenimiento, que con su eficaz mensaje subliminal son tan buen ejemplo.

»Otra cuestión interesante es la relativa al temor. Este no tiene por qué ser objetivo; basta con que las masas perciban que existe un riesgo potencial que se cierne sobre ellas.

»La manipulación de los 'lobbies' a través de medios de comunicaciones, supuestamente libres e imparciales, es otro modo de perfidia indirecta. Así los 'caoirigh' son avasallados.

»*El progreso como concepto es un mensaje muy atractivo para los ombligos. Basta con que algo se identifique con progreso para que las masas compren la idea en manada y sean ellas mismas quienes se envuelvan en una bandera que desarrollan por sí solas, aunque sea una coraza en su contra.*

»*Si la perfidia es el grado superlativo de la malicia, nada hay más pérfido que la dominación subrepticia e indirecta, como ya os dije.*

»*No hay mayor indignidad que hacer aflorar la agresividad de las personas para ejercer el más férreo dominio sobre las masas.*

»*Pero la indignidad y el poder son viejos amigos. La dignidad no se encuentra reñida con el ansia de dominio, sino que deja que cada 'caoirigh' aprenda a buscar la felicidad.*

»*La perfidia tiene su mejor aliado en el poder. ¿O acaso existiría la perfidia sin una ambición y un ansia de dominio desbocados?*

»*La perfidia no es, para el poderoso o para quien aspira a serlo, nada más que una forma de comportamiento que se encuentra dentro del rango de opciones disponibles.*

»*Porque los ojos del poderoso ante el espejo no se miran buscando el lenguaje de su conciencia, sino la utilidad y la conveniencia que le pueden reportan sus acciones. Por eso han aprendido a mantenerla encadenada y entre rejas.*

»*La perfidia repugna a quien tiene conciencia, no a quien se ha desarrollado al margen de ella o simplemente la usa como herramienta para que sea empleada por otros para crearles así limitaciones y cortapisas.*

»*Pero para quien piensa que no somos más que otra especie biológica de entre tantas conformada por un conjunto de reacciones físico-químicas, la perfidia es tan solo un modo más de actuar, una alternativa legítima. Y la*

*agresividad por tanto es solo algo disponible a convenien-
cia. Forma parte de la munición que se apila en el armero,
lista para ser usada.*

Lo peor y más dramático, pensé, no es que alguien así
exista, ni que pronuncie tales discursos, sino que apasione,
sea admirado y ensalzado por tantos seguidores que braman
ante mensajes tales y los adoran como si de un pasaje bíblico
se tratara.

Hay personajes cuya mejor aportación a su sociedad hubiera sido la de no haber nacido y, de haberlo hecho, que hubieran muerto pronto, porque su vida es dañina, no ya solo
para ellos sino para todos.

Nunca había observado tan de cerca cómo la de-
formación mental podía llegar a desencadenar tanto
apasionamiento.

MÍSHUAIMHNEAS (VANIDAD)

En que habla de los instrumentos que impactan en los sentidos

l 'caoirigh' que se sienta más orgulloso es más feliz, más productivo y hasta más dócil. ¡Es el borrego ejemplar! Porque la satisfacción del ego anula y aborrega.

»Cultivad cuidadosamente el enaltecimiento del orgullo propio en la manada y tendréis la masa de mayor rendimiento.

»Para exaltar y cultivar la vanidad debéis usar los cinco sentidos y hacer que el ejemplo del orgullo se trasmita de padres a hijos.

»A través de las percepciones del gusto con el ensalzamiento gastronómico, tipificado como propio y exclusivo, podréis crear una tolerancia, y hasta devoción por ciertos sabores que a otros pueden llegar a repugnar.

»El oído, no solo con los mensajes alegóricos y excitantes, sino también con la música, que produce un efecto enaltecedor, se llega a hacer sentir e identificar con melodías, sones e instrumentos, como parte de uno mismo. Incluso las tradiciones más ancestrales pueden revivirse con la magia musical. Porque a través suyo se llega a la exaltación.

»El olfato, el sentido de entre todos que más recuerdo deja grabado en la memoria, es capaz de transportar a las personas hacia el pasado, de hacerles identificar lugares y de inducir a la ensoñación y a revivir recuerdos. Hay una idolatría al olfato de inmensa importancia por su clandestinidad. Porque existe muy poca consciencia de la importan-

cia que tiene como inductor. Los 'caoirigh' perciben por el olfato antes que por cualquier otro sentido.

»El tacto es otro gran persuasor que puede llegar a trasmitir confianza, solvencia, sinceridad o distanciamiento y rechazo. El cachorro de 'caoirigh' busca placentero acomodo y seguridad en las ampulosas y acogedoras lanas de su madre.

»Y finalmente la vista, quizá el sentido del que más conciencia se tiene. La imagen se graba e impresiona en el interior. Cuando el borrego ve tranquilos a pastores y mastines acrecienta su calma. Cuando les ve agitados se inquieta y se vuelve temeroso. Por la vista se descubre el peligro, a veces incluso cuando ya es tarde, porque otros sentidos como el olfato han podido ser engañados.

»Los poderosos usan el adiestramiento de los sentidos para conseguir devociones y conducir alianzas y enemistades según su conveniencia.

»La eficacia de algunos de los instrumentos que impactan en los sentidos se basa en que son percibidos y se es consciente de ellos, pero se desconocen y quedan en la incógnita las razones por las cuales el emisor nos los crea o envía.

¿Cómo se percibían los cinco sentidos en aquel ambiente?

ÉIRÍ AS (RESIGNACIÓN)

En que habla de la sumisión al destino

—*Proclamad bien alto que resignarse ante el infortunio es una virtud, pues de ese modo cosechareis más virtuosos que opongan con su resignación menos o ninguna resistencia a vuestros propósitos y las imposiciones de vuestros mastines y pastores.*

»Se cree virtuoso el 'caoirigh' que camina apacible hacia el sacrificio. Y sus hijos elogiarán la virtud de su comportamiento y la bondad de su proceder al ofrecer su vida sin resistencia.

»Y al compás de una música vibrante que ensalza el espíritu, y con la convicción de resultar ejemplarizantes, los 'caoirigh' se dirigirán orgullosos hacia su propia inmolación.

»Tened en cuenta este modo de comportarse de los borregos cuando enviéis a morir a la guerra a los hombres, porque podréis conseguir, si lo gestionáis adecuadamente, que se dirijan al sacrificio de forma orgullosa y enaltecida. Los unos se impulsarán a los otros y ese acto heroico enorgullecerá a sus familias, que los pondrán como ejemplo a seguir. Así no pensarán en la causa, banal, caprichosa, injusta e innecesaria las más de las veces por la cual entregaron su vida, sino en el honor y la gloria que su sacrificio supone.

»*La resignación ante el destino apacigua el alma, les diréis, y creará seres pasivos y sumisos que aceptarán la ruta hacia el abismo como único camino posible.*

»*El poderoso usará hábilmente la resignación para convencer de que su propia existencia y dominio son leyes inexorables e inamovibles intrínsecas de la naturaleza. Y así la manada aceptará sus designios con la mayor fidelidad sin discutir el interés de sus actos.*

»*¡Cuánto poder entrega el resignado ante quien o ante lo que se resigna!*

»*¡Y cuántos loores se cantan con resignación ante el dominio cruel de lo que se asimile con el destino!*

»*Aprovechad ese entusiasmo. Sabed mover los hilos de la vibración y veréis multiplicar vuestros dominios.*

»*La resignación crea creyentes. Y los creyentes creen en lo que se debe creer desde la más pura ortodoxia convirtiéndose, no ya en propagandistas sino en radicales protectores y jueces de esa pureza de pensamiento. El poderoso construye las creencias. El dominio se ve en riesgo ante el incrédulo porque no se resigna, y por eso hay que extirpar su impureza.*

»*Pero dejad que sean otros, más radicales y defensores de las reglas incluso que su propio creador, quienes actúen con vehemencia, pues de ese modo permaneceréis en la oscuridad.*

Para entonces aquellas singulares y apacibles florecillas extendidas por la pradera ya se habían convertido en ejército de fieles seguidoras del guardián. Todas habían dado un giro y ahora miraban hacia el interior del octógono y sus emisiones luminosas se enfocaban hacia allí. Quizá, pensé, fuera eso lo que yo percibía desde la ventana de mi habitación pues el fulgor se disparaba desde el octógono ascendiendo verticalmente hacia el firmamento.

Insamhalta (simulación)

En que habla del engaño y la apariencia

Pensé que estaba sufriendo alucinaciones al contemplar aquellas florecillas, cuyos movimientos denotaban una incomprensible e inusitada agresividad. Puede parecer absurdo, pero aquella forma de aproximarse resultaba aguerrida y acosadora. Y debo reconocer que sentí temor. No había, como digo, nada comprensible en eso. ¿Pero es que había algo que lo fuera en todo lo que estaba viviendo?

¿Por qué estaba sucediendo todo aquello? ¿Qué significaban aquellos mensajes que ponían en entredicho lo que consideraba los valores más sagrados de la vida? ¿Por qué el siempre misterioso destino me había reservado tan ácida experiencia a mí? ¿Qué podrían querer de mi persona y qué significado podría tener todo aquello?

Como si hubiese leído mis pensamientos, el encapuchado bramó:

—*Nada es casual. Todo obedece a un interés por dominar. Si algo llega a la manada es porque conviene al poderoso.*

»Solo los ingenuos 'caoirigh' creen que si obtienen algo es consecuencia de su propia conquista.

»Mantened siempre la sonrisa cuando vuestro enemigo os ataque. La fría simulación puede ser una gran alianza. Siempre deja en vuestras manos el poder adoptar la decisión que mejor os convenga.

»Sed un personaje y así seréis más libres.

»No seáis vosotros mismos sino quienes os convenga ser.

»*Cuando deis, demostrad entusiasmo y convicción. Y cuando exijáis mostrad el pesar de hacerlo con la obligación impuesta como una carga. No importa lo que sintáis sino lo que los demás perciban.*

»*Recordad que, sea cual sea el acuerdo, debéis dejarlos satisfechos, no solo con lo que obtienen, sino también confiados y con sensación de ser conquistadores. Repartidles méritos y triunfos ostentosos.*

»*Una sonrisa y una palmada son siempre útiles artificios.*

»*Lo impávido ha de ser vuestro interior. Vuestros modos exteriores deben adoptarse a lo que más os convenga.*

»*La mejor simulación consiste en asimilar legalidad con justicia. Divinizad la ley y asimiladla con la justicia; es la simulación más persistente y eficaz. Porque la perfidia es su forma más sublime.*

»*El derecho y el poder van necesariamente de la mano. La ley es un invento para imponer el dominio de modo menos cruel que la guerra, aunque pueda ser igual de autoritaria.*

»*La ley es la justicia del poderoso. Pero no lo descubráis. Os será útil que los 'caoirigh' estén convencidos de que la ley protege su propiedad y defiende sus bienes y personas. Tras la cortina de la protección se esconde el ansia del dominio. Mostrad, como digo, un rostro conveniente con tal de conseguir el fondo que perseguís.*

»*Hay quien os dirá que cuando se simula se miente, pero eso no es cierto cuando el simulador es así. Tan solo entonces se muestra tal y como es. Ser un simulador solo es cuestión de entrenamiento y frialdad.*

»*¿Acaso el juego sucio es algo más que una calificación que obedece a un tipo de conciencia?*

»*El juego sucio es una impresión, así que ya sabéis: simulad juego limpio y honesto. Haced que las fanfarrias proclamen vuestro más profundo humanismo, pero luego haced lo que os convenga. Porque quien es sincero y frontal siempre tendrá escasez de recursos.*

Un sonoro grupo de carcajadas salió de su áspera garganta y las flores chirriaron como pretendiendo hacerle coro. Era como una gran representación.

«¡Qué locura!» pensé.

Aquel hombre no solo era plenamente consciente de que los seres humanos son la especie más cruel y satánica con sus semejantes de toda la Creación, sino que además hacía alarde de serlo él utilizando los métodos más sofisticados y sutiles.

Dífhoirmiú (deformación)

En que habla de la distorsión de los hechos

—Vuestros pensamientos y acciones deben de ser vuestros. Disfrazad de noticia lo que es falsedad. Hacer confundir realidad con ficción puede resultaros inmensamente útil.

»¿Creéis que los individuos en manada se rigen por la verdad o por su verdad? ¿O que van a preocuparse por confirmar la veracidad de los datos o hechos? Nada más lejos de la realidad. Las opiniones de la manada no son más que lo que les insufla el aire que reciben.

»Las manadas son, además de interesadas, olvidadizas e ilusas. Se quedan con la última impresión o con la más común por ser más repetitiva.

»¿Creéis en la imparcialidad de la noticia? Mantened a los demás en esa convicción porque es un buen modo de someterlos. Solo son imparciales los pocos que tienen la búsqueda de la verdad como prioridad, y muchos son, por no decir la mayoría, quienes prefieren llenar su bolsillo, aunque sea a costa de contradecir la realidad más evidente si así les conviene.

»Porque el pesebre genera muchos más adeptos que la vida al aire libre de la que se alimenta la honestidad.

»Honestidad, ¡qué gran concepto en el que adiestrar a los demás!

»*Al fin y al cabo, ¿qué es ser falso y qué verdadero? El acontecer es lo único que debe interesaros y lo acontecido tan solo en la medida en que puede favorecer lo que tenéis interés que suceda. Pero impacta más la forma en que se narran los hechos que estos en sí mismos*

»*Existen informaciones falsas, ilusorias, grandilocuentes o sesgadas. Todas ellas son interesadas y, al igual que las ciertas o verdaderas, cualquiera puede ser dañina por torticera y por tanto útil.*

»*A veces incluso hará más bien lo cierto cuando se queda oculto que cuando se expone, así que cuidaos mucho antes de mantener algo escondido. Porque la verdad puede soliviantar.*

»*Sabed disfrazar de noticia lo que es falso y de falso lo que es noticia y así crearéis vuestro propio mundo. Deformar es formar vuestro dominio.*

»*Y nunca dejéis de mantener a los narradores bien alimentados en el pesebre que les facilitéis, porque si no se alimentarán de otros y será a ellos a quienes defiendan y sirvan.*

Neamhda'smhasreachte
(Inmortalidad)

En que hace referencia al endiosamiento

Por si resultaran poco extraños los acontecimientos vividos hasta ese momento, un nuevo suceso vino a enloquecer más aún el ambiente. Ya he dicho que las florecillas rojizas que se encontraban extendidas por todo aquel entorno parecían haberse agrupado en una especie de formación aguerrida; pues bien, imagina, querido amigo, cuál fue mi sensación cuando vi cómo los sépalos de aquellas plantas se transformaban en seres diminutos que tomaban vida propia.

Y es que en estas tierras verdes y misteriosas es donde habitan y encuentran refugio los *elves dochracha* (duendes dañinos). Aquí, ocultas, se encuentran las cuevas en las que se reúnen y desde las que planean sus fechorías más crudas. Recordé entonces, y descubrí, el sentido de aquellas palabras que el anciano me había comentado ante su inseparable pinta de cerveza y su humeante pipa.

Ahora la voz de aquel guardián giboso los alentó y excitó con su severo y crudo tono, y ellos comenzaron a tomar vida de tal forma que lo que antes parecían florecillas resultó ser una legión de misteriosos gnomos. Entonces comprendí el origen de aquellas dramáticas y agudas risotadas que a modo de chillidos había escuchado resonar en medio de aquel estruendo que unía el viento con la terrorífica brusquedad de los acantilados.

−Los bosques −clamaba−, no solo están repletos de escondrijos misteriosos, sino que además guardan impenetrables secretos.

»Los 'pixies' (duendecillos) conocen muchos de esos misterios y los esconden celosamente en su alianza con la naturaleza.

»Los poderosos saben que los 'pixies' existen, que viven camuflados en las entrañas de hayedos junto a las piedras y rocas de los arroyos, o en las musgosas cuevas y guaridas escondidas en lugares inaccesibles.

»Conocen de sus hechos y andanzas, e incluso de sus bromas y travesuras. Les consideran seres simpáticos que, si pudieran atrapar, estudiarían con todo detalle.

»Sospechan que esos 'pixies' esconden el mayor y más deseable de los secretos: el de la longevidad. Incluso algunos están convencidos de que hasta el de la inmortalidad. Sus largas y frondosas barbas les parecen una clara muestra de ello.

»Están convencidos de que las mujeres 'trasgu', con sus caras risueñas, simpáticas, regordetas y sonrosadas tan características, son las que guardan en la mayor intimidad las recetas de las pócimas a base de hojarascas, hierbajos y raíces que recogen y cuecen luego en sus enormes ollas destinadas a la elaboración de elixires mágicos.

»La quimera del paraíso inmortal se encuentra por tanto entre esas frondosas montañas y la sabiduría de esos personajes.

»Dominar la eternidad es un ansia por la que cualquiera ennegrecería su alma. Y el poderoso busca en ella consolidar y perpetuar su dominio.

»Sabiendo el poder de esa aspiración, procurad enviar a la manada el mensaje de que pueden ser eternos y que para lograrlo deben mantener determinados compor-

tamientos. La inmortalidad será como el gran pesebre para los borregos, el trofeo mayor que se puede ambicionar.

»Una vida inmortal, placentera y feliz, ¿imagináis el efecto que puede tener, la idolatría que puede generar? ¿Y cómo podríais orientar, comprometer y conducir sus comportamientos con tal de conseguir tamaña ilusión?

»Pero haced saber a la manada que algo o alguien vigila su modo de hacer para calificar su derecho, o no, al premio. Instruidlos en que esa vigilancia se encuentra en su propia conciencia y les habréis puesto el cerco más crudo y severo.

»En cualquier caso, haced que no teman a los vigilantes de sus conductas; que los perciban como aliados que les ayudarán en su reconducción y los juzgarán con indulgencia para llegar al Paraíso.

»De este modo conseguiréis que los vigilantes trabajen para vosotros y actúen como jueces y orientadores de las personas para servir a vuestros propósitos y desde su interior. ¿Hay mayor y más sofisticado poder?

»Así podréis convertir una aspiración en un dogma de fe.

»Los creyentes enfervorizados claman contra lo impuro en aras de la posteridad, otra estupidez popularizada para constreñir comportamientos y conducir pensamientos.

»La posteridad no existe para vosotros sino para vuestros sometidos; para vosotros tan solo existe el presente. ¿Acaso vais a ser vosotros responsables del presente que corresponde a las acciones de otros?

»La posteridad no es más que un invento del poder para excitar la responsabilidad y forzaros.

»Es un modo de hacer resurgir el sentimentalismo.

»¿Acaso alguien ha labrado o va a labrar vuestro presente? Pues, ¿por qué debéis vosotros entonces labrar el de los demás, salvo que sea para obtener un beneficio de ello?

»Y en todo caso, el único modo de que tengáis un futuro más saneado es tener un mayor dominio y patrimonio hoy. Solo así podréis disponer de las mejores perspectivas y garantías posibles.

»Un día vuestro final llegará y ese momento será vuestro presente entonces. ¡Ahí y así acabará todo!

»La posteridad y vosotros no tendréis ya ningún contacto. Porque vuestro proceso biológico simplemente acabará y el presente seguirá para otros, quedándoos vosotros al margen.

»Si habéis sido poderosos y disfrutado de las prebendas que eso supone, lo habréis gozado, y esa habrá sido vuestra vida. ¡No hay nada más! Guardaos bien este secreto.

»Cuando faltéis, vuestros huecos de poder no quedarán vacíos sino que otros os sustituirán de un modo u otro.

»Porque el poder jamás desaparece, sino que simplemente cambia de cara y modos de ejercer el dominio.

»En la vida solo hay una cosa clara: que hay débiles y poderosos, dominantes y dominados. Y que si no sois vosotros quienes ostentan el poder, serán otros quienes lo tengan y a quienes os tendréis que ver sometidos vosotros.

Aquellos micro seres barbudos ataviados de color verduzco y gruesos gorros comenzaron a reír con mayor excitación tras pronunciar el guardián aquel discurso. Parecían disfrutar como niños que ingenuamente realizan las más creativas travesuras.

¿Qué edades tendrían? Pero ese es otro de los secretos que guardan los *pixies* (duendecillos).

An bheith (el ser)

En que se refiere al encuentro de la esencia

—habéis de saber en vuestra intimidad, y no debéis olvidar, que no sois más que un conjunto de procesos biológicos y físico-químicos interrelacionados. Un conjunto de sustancias activas y conectadas entre sí. No sois más que el resultado de una hiper-conectividad eléctro-biológica cuyas rutas y nudos de contacto pueden conocerse. Cambiad vuestro punto de vista interno y cambiará vuestra forma de vivir la vida.

»Los seres vivos, ya sean 'reithe' (carneros), 'mastiff' (mastines) o 'aoirí' (pastores) están todos compuestos por idénticos procesos. Solo un matiz diferencia a unos de otros. Pero os conviene mantener ese conocimiento en secreto. Haced que los 'goblin' (duendes), que han sabido mantenerlo oculto en los recovecos de sus pócimas montañesas, os los guarden. Son expertos en esas encomiendas.

En aquel momento los duendecillos encarnados que habían salido de su escondrijo en las acampanadas florecillas, dieron muestras evidentes de sentirse orgullosos. Aquellas palabras eran un reconocimiento a su misión.

—Si os cuesta aceptarlo no será por otra cosa más que por el orgullo estúpido de creeros seres superiores, o porque los poderosos que os han precedido y a quienes convenía que pensarais de ese modo han querido educaros en estas creencias. Sois hijos del referente que se os ha creado.

»Igualmente, porque los humanos no han cambiado, os convendrá hacer creer a los demás que son seres especiales,

porque de esa sublimación obtendréis utilidades que favorecerán el que ejerzáis vuestro dominio sobre los demás.

»Tendréis sin embargo que emplear toda vuestra habilidad en adaptar el modo en que los demás crean lo que os interesa, para evitar movimientos reactivos y generar así el mayor número de feligreses.

»Recordad que es en el modo, más que en el fondo, donde están las llaves de vuestro dominio; que lo frontal a veces provoca un efecto rebote, mientras que quien decide atarse con la cadena de la lealtad se siente feliz y orgulloso.

»Cuando os convenzáis de lo que sois es cuando seréis realmente diferentes y superiores al resto de la manada y empezareis a tener opciones de avanzar por la escala que conduce hacia el estamento superior: el de los amos.

»Cuando os hayáis controlado a vosotros mismos y conseguido un nuevo formato, preguntaos, sabiendo lo que sois, cuál es el objetivo de vuestra existencia. ¿Acaso es otro diferente al de serviros de los demás para conseguir fieles sumisos en vuestro beneficio y confort? Porque estaréis conmigo en que no vive igual quien usa que quien es usado.

»Ese debería ser por consiguiente vuestro objetivo vital y el eje sobre el que debe girar vuestra razón de ser. Eso redundará en beneficios también para vuestra descendencia, familia y entorno. Pero cuidaos de ellos también y sed tolerantes solo mientras y hasta donde vuestro dominio quede preservado, porque ese es el motor del que todo se deriva.

»Y recordad que vuestros hijos no son más que los hijos del poderoso. Y que no son poderosos porque sean hijos vuestros, sino que podrán llegar a serlo tan solo si se labran esa posición, que no es hereditaria. Entendedlo bien: ¡los educandos tienen que ganárselo! Tendrán acceso a los secretos del mensaje Ochtagán, pero antes tienen que superar sus pruebas. Ser vuestros hijos solo les da acceso a escuchar estas palabras, pero el poderoso debe ganarse duramente *su posición. No os dejéis engañar por la debilidad sentimental a la que induce la paternidad.*

»Si sois fríos y objetivos observaréis cómo hay una terrible carrera de seres dispuestos a cualquier cosa con tal de dominar a los demás, que emplearán todas las argucias posibles para aprovecharse de la bondad de los 'caoirigh' para usarla y dirigirla según su conveniencia y salir reforzados.

»La bondad de la manada resulta útil por ser confiada y fiel, por eso el poder ansía poseerla. El mal lo sabe y desea.

Los *goblin* (duendes) fueron adquiriendo modos agresivos, rodeando a quienes, encapuchados, estábamos junto al *oracal caomhnóra* (oráculo del guardián). Y aquellos miles de personajillos que hasta ese momento parecían simpáticos y comprensivos se fueron transformando en seres severos y extremadamente rigurosos, como correspondía a los defensores de *Ochtagán*.

Sus ojillos vivarachos, que miraban por encima de sus barbudos rostros y bajo las pelambres que quedaban al aire fuera del gorro, ahora nos escudriñaban en vez de simplemente mirarnos. Parecían querer medir el nivel de mal que anidaba en nuestro corazón.

Algo estaba cambiando dramáticamente en todo aquel estruendoso panorama. La emisión de luces producidas por las florecillas se fue apagando y el entorno fue adquiriendo un dramático y oscuro semblante.

¿Aquel terrible *múinteoir iontach* (gran maestro) tenía también el poder de adaptar la atmósfera a su conveniencia?

An dorchadas (la oscuridad)

En que comenta cómo usar el agujero negro

L
a luminosidad se desvaneció, siendo sustituida por una profunda oscuridad mecida entre las brumas que no dejaban traspasar el resplandor que emitía la luna llena.

El *caomhnoir* (guardián) se incorporó y por vez primera se irguió girándose como si fuera a despejar la incógnita de su rostro.

Pronunció, si cabe con aún mayor contundencia y aspereza que hasta ese momento, este mensaje:

–Haced de las tinieblas vuestro reino. Si os mostráis al frente del poder, estaréis en el ojo del huracán. Porque la visibilidad se cobra duros y ácidos peajes. Además tendréis un gran desgaste en convencer a los demás de vuestra posición. Os resultará mucho más útil sembrar los campos de pensamientos y dejar que sean otros quienes, incluso sin saber que resultan ser vuestros aliados, se induzcan a sí mismos. Haced por tanto que otros realicen vuestro trabajo; una vez más os lo recuerdo.

»Las ideas solo existen en la imaginación de la gente, pero si muchos las comparten pueden tejer un movimiento en defensa de algo que consideran superior y por encima de sus intereses individuales, conviertiéndose así en algo sublime. A partir de un cierto grado de intensidad incluso los confunden con la realidad.

»Así, la vida, a pesar de resultar agotadora, gira en torno al concepto de intensidad.

»*El concepto de intensidad es útil porque atrae al espíritu aventurero y creativo, generando adicción, y eso es lo que empuja a las personas a la inquietud permanente. Es por tanto muy importante identificar cuál es el motor que induce al resultado. Esa es una vía aparentemente más larga pero mucho más eficaz.*

»*El mensaje consiste en que cada miembro del rebaño se sienta distinto y superior por haber acumulado mayor número de impactos de alta intensidad. A mayor intensidad, mayor atracción. Lo apacible no cuenta porque se encuentra al alcance de todos y el mensaje es perseguir lo imposible. Es una carrera hacia el ansia infinita donde habita la nada.*

Me vinieron a la mente conceptos como emprendimiento, competitividad, disrupción, libertad, globalización, reto, creatividad, diferenciación o modernidad entre otros, que no existen objetivamente pero que resultan inspiradores de la imagen que a una gran mayoría le gusta escuchar. Todos tienen en común el fomentar la inquietud, el desafío y mostrar el camino hacia el éxito personal. Ninguno induce a la quietud sino a la hiperactividad por la inseguridad y la confrontación que generan. Hacer poco o no hacer nada no es productivo; se asimila con pasividad y no interesa. Llevar ese sello expulsa del sistema.

—*Para instalar la civilización de la inquietud, que sitúa a los seres naufragando, debéis construir la imagen de una vida intensa como reto. Este modo de atracción por la superficialidad y lo superfluo creará personas con ansiedad permanente y proclives a esforzarse activa y enérgicamente para conseguir ser distintas y lograr un modo de vida que consideran personalizado. Si conseguís implantar el individualismo debilitaréis el interés por el bien común y haréis brotar el germen de la desavenencia y la dispersión.*

»Hay mucha energía potencial disponible. La cuestión esencial consiste en encontrar el modo en que otros pongan todo su esfuerzo a trabajar para vosotros y conseguir beneficiaros de sus resultados. Si sembráis la inquietud en ellos, les tendréis angustiados y entregados a vosotros.

»Los que piensan que trabajan para ellos mismos son quienes más esfuerzo derrochan. Esa visión ilusoria es la más rentable de todas las armas, así que haced que juegue a vuestro favor, pero guardad las apariencias porque lo malévolo se mueve con mayor eficiencia entre tinieblas y disfraces. Usad por tanto con inteligencia los mensajeros adecuados que proclamen aquello que deseáis que sea escuchado.

»La existencia de la conciencia no es demostrable; es una mera ilusión o hipótesis. No es más que un subproducto, biológicamente inútil, de determinados procesos cerebrales. La conciencia puede ser un tipo de contaminación mental producida por el disparo de complejas redes neuronales. Sin embargo tiene la capacidad de crear sentimiento de culpa.

»Los rebaños son un conjunto numeroso de individuos que comparten su vida, e incluso formas de actuar, pero que no tienen conciencia dominante. No son más que masas etéreas y conformistas. Por eso precisamente son dominadas por otros.

»Lo absurdo desde el punto de vista racional puede ser de gran valor por el impacto de la pasión.

»El mero hecho de que unos seres como los humanos se consideren a sí mismos el eje de la vida los convierte en dominantes potenciales, pues procurarán someter al resto de su entorno a sus deseos y conveniencias. Y esa forma de comportarse les parecerá lo más natural y correcto. Serán capaces de llevarlo hasta un extremo tan radical que les suponga el suicidio.

»Sin embargo, eso no obedece a la realidad sino a una idea-ficción que se han creado para sí mismos y que se ha expandido entre ellos hasta considerarla una convicción natural e indiscutible.

Una vez más sentí repugnancia ante los planteamientos de aquel misterioso y endiablado ser. El concepto que expresaba sobre la Creación, y muy singularmente sobre la especie humana, era atroz. Nada frenaba su denigrante y terrorífico planteamiento.

Su enfoque era algo así como: «Manipulaos a vosotros mismos para tomar vuestro control y que las actitudes más severas y burdas le parezcan normales a vuestra conciencia solo por el hecho de resultaros útiles».

Y prosiguió:

–*No desdeñéis el conflicto cuando os convenga; solo ocupaos de que aparezca como legítimo cuando la victoria se decante hacia vuestro lado.*

»El conflicto es algo que hay que aplaudir en lugar de lamentar. El conflicto es la materia prima de la selección natural que implica la evolución. Algunos humanos son simplemente superiores a otros, y cuando las experiencias humanas entran en colisión, los más aptos arrollan a todos los demás.

La forma en la que hablaba, los asuntos a los que se refería y el modo de enfocarlos eran una mezcla de conocimiento tradicional universal y absoluta actualidad. Ese hombre conocía también la situación del mundo presente, lo cual era sorprendente.

TERCERA PARTE

POINTE FINSCÉALTA ECDON
(LA LEYENDA DE ECDON POINT)

«Si nada es verdad, todo es falso, así que servir a lo que te interesa en cada momento es lo único que merece la pena».

Todo comienza en el cero. El cero es la nada, pero sin el cero no hay nada, por eso el cero es todo.

El ocho es el doble cero, es el cero más profundo. La nada más oculta.

El ocho, cuando se pliega, muestra las dos caras del cero, lo que percibimos y lo que vive oculto en profundas simas. Y el ocho tumbado viene a ser el símbolo del infinito; luego es la inmensidad.

Recordad que un «ocho» son dos ceros, pero que si vinculáis y enlazáis dos veces la «nada» puede crearse un símbolo tan útil como el «ocho». De ahí viene *Ochtagán*.

Ochtagán, el octógono, es el ocho convertido en figura. La representación gráfica del doble cero.

Dicen que aquellas aguas son propiedad del diablo, que habita en la enorme caverna que, negra como lo más profundo de la boca del lobo, inspira terror a todo el que la mira.

Si su vocerío es continuo y poderoso en los días de calma, en aquellos otros en que la galerna aprieta se hace ensordecedor; brama espuma por sus fauces y los poderosos acantilados parecen querer engullir aquellos islotes rocosos: los colmillos del diablo los llaman, esparciéndose como amenazadores cuchillos entre torbellinos y poderosas corrientes por el entorno.

Aquellas aguas, siempre violentas, esconden tremendas corrientes que, si en la superficie ya se muestran vigorosas, en el mundo submarino son de tal virulencia que engullen a cualquier embarcación que ose, voluntaria o accidentalmente, aproximarse.

Los rocosos peñotes se yerguen amenazadores, puntiagudos y agresivos mostrando sus afiladas cuchillas prestas a herir mortalmente a cualquier embarcación que tenga la desgracia de verse arrastrada hacia ellas.

Había escuchado en el *pub* la leyenda de *Ecdon Point*, aquel terrible lugar avalado en su drama, además de por el considerable número de naufragios, por las vidas de muchos infelices ajusticiados que por allí fueron despeñados. Todo aquello hacía de él un lugar diabólico.

El mensaje del diablo se ve reforzado por las maldiciones y los juramentos de los desgraciados que ven cómo sus embarcaciones fuera de control por las tempestades se dirigen inexorablemente hacia aquel lugar que pondrá fin a sus miserables vidas.

Ni siquiera las oraciones de los más piadosos han logrado jamás que un milagro evitara la tragedia final cuando las corrientes se apoderan del control de los navíos. Tan solo una vez, alguien más endiablado que el propio demonio, según cuenta la tradición, logró sobrevivir a un terrible naufragio. Se dice que fue tal el espanto que su indigno ser causó al propio diablo que este decidió respetarlo para usarlo como proclama visible del mal sobre la Tierra.

Si aquel desgraciado tenía *per se* un carácter malévolo y endemoniado, los sufrimientos y secuelas que hubo de soportar para sobrevivir durante los siguientes años en aquel entorno aislado y agresivo le hicieron todavía más resentido con el mundo, la vida, y en general con todos sus semejantes, lo cual tuvo como resultado que aún estuviera más poseído por la cólera, el deseo de venganza y lo maléfico.

Se cuenta que su cuerpo, ya maltratado por los sufrimientos, fue deteriorándose mucho más a lo largo de los años. Además de tuerto tenía profundas y horrorosas cicatrices que le desfiguraron tanto la cara como el cuerpo y llegó a quedar cojo y jorobado.

Los dolores le hacían maldecir y sus gritos podían acobardar a cualquiera, especialmente cuando sufría aquellas convulsiones que le hacían expulsar espumarajos sanguinolentos por la nariz y la boca.

Hay versiones que explican cómo en sus crisis más agudas maldecía en un extraño e incomprensible lenguaje.

Se dice que los *goblin* (duendes), compasivos, lo acogieron y cuidaron tratándolo con sus fórmulas mágicas. Y que lo atendieron hasta tal extremo que le suministraron el brebaje de la inmortalidad.

El *Ecdon Point* era un lugar de contrastes, pues a lo terrorífico del mar y los acantilados se oponía una tierra de verdes y hermosos prados. En ciertos momentos se sembraba de florecillas de color rojo granate con forma de caperuza que son conocidas como *deora an diabhail* (lágrimas del diablo), en recuerdo precisamente a tanto sufrimiento.

Generación tras generación se había mantenido la leyenda oral que, dicen, nadie se había atrevido a escribir con detalle por miedo a que la venganza del diablo cayera sobre su persona y sus descendientes. Nunca nadie, solo los *goblin*, fuera clérigo o seglar, ha sentido piedad por aquel desdichado que, endemoniado, hubo de vivir de aquel modo. Jamás ha sido entendido ni se ha mostrado compasión por él; tal vez eso forme parte de su maldición. Siempre se ha pensado que el diablo contagiaría a quien osara acercársele y por temor se le ha marginado. Su pensamiento, una vez que penetra en los seres humanos, crece exponencialmente, los domina y jamás descansa de guerrear.

Una figura gibosa vagabundea aún por aquellos parajes, según cuentan las voces populares de aquellas tierras. Se trata de un anciano por el que no parecen haber pasado los años.

Una voz quebró el espacio con un rugido ensordecedor que, como si fuera una orden, fue acompañada de inmediato por una estruendosa violencia que surgió de los acantilados contra los que chocaron olas de más de trece metros y cuyos restos de espuma en forma de gotas salpicaron mi rostro.

El suelo comenzó a temblar bajo mis pies y todas aquellas hermosas florecillas rojas se convirtieron repentinamente en chirriantes *globin* que gritaban histéricamente emitiendo un agudo y ensordecedor sonido que dañaba mis oídos haciéndome retroceder. Sus rostros se habían tornado agresivos y tomado un color enfermizo.

Fue entonces cuando el viento levantó ligeramente la capucha de aquel ser terrible y pude entrever, como parte de aquel rostro, un ojo sanguinolento que mostraba la ira más perversa.

El diablo giboso parecía complacerse en medio de aquel terror, a juzgar por la risa que emitía mientras se giraba, con la cabeza gacha, hacia el otro lado de la colina *Ochtagán*. Se irguió todo lo más que pudo, apoyándose en la angulosa y horrorosa vara que jamás abandonaba.

Al caminar hacia atrás huyendo del acoso de los *goblin* gritones, a los que se unieron los encapuchados, descubrí presa del pánico que realmente estábamos en la cima de un volcán de cuya negra profundidad comenzó a emerger una columna de humo azufrado. De ahí provenía el olor que en algún momento había detectado.

En aquel fondo bullía una masa de materia incandescente que se peleaba por ascender y que empezó a vomitarse por la colina hacia el acantilado.

–*Soy al amo del terror y el odio* –exclamó enloquecido el guardián–. *Todo se somete a mis deseos* –proclamó con voz tan irritada como chillona, deshecha en carcajadas.

–*¡Tú; sí tú!* –dijo señalándome encolerizado–. *Tú eres infiel a la sabiduría de Ochtagán. Eres un traidor a la confianza que te he mostrado aceptándote como educando. Tus pensamientos te delatan.*

Fue una amenaza tan rotunda como agresiva que como un latigazo me recorrió la espina dorsal hasta la cabeza.

Un miedo cerval me dejó paralizado en medio de aquella enloquecida caldera que como un mar sangriento de rugiente estruendo parecía competir con la salvaje agresión con que el mar lanzaba al choque sus inmensas olas.

Un sudor helado acogotó mi alma y desconcertó mi cuerpo. Era el frío del pánico.

Y aquel que me perseguía, con su sanguinolenta mirada fija en mí, fue lo último que vi antes de estallar en un grito en el que concentré todas las fuerzas que me quedaban.

Mis pies estaban justo en el límite del precipicio volcánico que se encontraba a mis espaldas. Noté cómo resbalaban sin encontrar apoyo y sentí que el vacío me llamaba y se apoderaba de mí.

En aquel segundo en que desconcertado caí a la incandescente negrura, la angustia me sobrepasó. De todas las formas en que un ser humano puede morir, aquella era la última que jamás hubiera sospechado que podría ser la mía.

Mi vida me pasó por la mente a extraordinaria velocidad. Y los momentos más cálidos fueron los más dolorosos. Repentinamente un punto blanco se abrió ante mis ojos. Vino hacia mí a gran velocidad como si quisiera librarme de tan terrible final.

Y así fue como aparecí en el lugar donde las almas conviven entre la dicha de la paz y la armonía, despegadas de lo superfluo y concentradas en la esencia de la vida. Allí los hombres descubren su verdadero ser.

En la puerta de entrada fui recibido por mis seres más queridos, y un impulso me llevó a fundirme en un profundo y estrecho abrazo con mi padre, que fue quien primero llegó corriendo hacia mí.

Allí quedaron ridículas e inservibles las palabras de *Ochtagán*. Solo eran una burda malicia sin sentido. Y me sentí no solo rejuvenecer, sino que entendí que mi vida tenía ahora un auténtico sentido. El viaje a *Ochtagán*, aunque tarde, me había liberado.

Entonces desperté de aquel terrible y angustioso sueño maldito cuyas púas se clavaban en mi corazón ensangrentando de maldad todo mi ser.

Un sudor frío me empapaba y ni siquiera viéndome en mi confortable cama pude conseguir cierta tranquilidad, pues tenía el pánico ya dentro de mi cuerpo.

No me quedó ninguna duda de que había llegado el momento de irme de aquella aldea. Arreglé mis cosas y me preparé para salir de allí lo antes posible. Acababa de amanecer y ni siquiera la cálida ducha consiguió reconfortar mi atemorizado cuerpo.

Nunca he sabido cómo aquella viaja libreta con el manuscrito de *Ochtagán* llegó a aparecer en mi mochila, y me temo que ese misterio jamás se aclarará.

Dice la leyenda que fue escrito por un náufrago que sobrevivió a los terribles envites de aquellas costas. Que llegó a salvarse pero que no pudo evitar que su cuerpo y su alma quedaran atribulados para siempre. Y que sigue apareciéndose, proclamando su terrorífico mensaje.

AN SOLAS (LA LUZ)

En que Waltcie me encomienda su legado

i muy apreciado amigo. Tú me conoces muy bien y puedes imaginar cómo me sentí aquellos días de confusión y maldad. También comprenderás mi desconcierto al descubrir oculto en mi mochila el manuscrito que ahora te hago llegar. Imagina el sufrimiento y el terror que hube de afrontar.

Me pregunté muchas veces si debía o no dar a conocer estas páginas de contenido tan crudo. Temo que haciéndolo la maldición de la que habla la leyenda se haga realidad, pero al final me dije: ¿por qué no?

¿Acaso no tienen los humildes, los bondadosos y los confiados derecho a saber los procedimientos y las herramientas que usa el poder?

Al fin y al cabo, solo quien conoce los maleficios del poderoso puede protegerse de ellos.

Mi decisión, después de mucho meditarla, fue clara y rotunda: publicaría esta atrocidad.

No sé si me dará tiempo a hacerlo, pues siento que mi físico se encuentra afectado de algo que le agota. He perdido repentinamente todas las facultades, mi peso se ha visto reducido de forma radical y siento que algo me impide continuar aferrado a la vida, a pesar de que lo intentaré con todas mis fuerzas.

Cuando te he llamado es porque veo aproximarse ese punto blanco que alejado en el horizonte se acerca a toda velocidad hacia mí.

Dejo a tu criterio si publicas o no todo esto, aunque ya sabes mi opinión. No quiero forzar tu decisión ni la forma en que lo hagas, si ese fuera tu deseo al final.

En todo caso protégete, porque no sabemos los efectos de este manuscrito de leyenda.

Tu amigo,

Waltcie

DEIRIDH (FINAL)

Me abrigué con mi gruesa gabardina y cogí un amplio y robusto paraguas. El día estaba lluvioso si bien no desapacible, pues afortunadamente no azotaba el tradicional viento que en aquella zona cala hasta los huesos.

A los pocos minutos de camino vislumbré entre la neblina la inconfundible silueta del St. Johns Hospital y avancé hacia su portada principal.

Parecía uno de esos no demasiado frecuentes días en que todo estaba calmado. Me dirigí directamente hacia el despacho de la doctora O´Sullivan. No pretendía verla de inmediato puesto que no había pedido cita previa, así que me acomodé listo para esperar pacientemente en uno de los sillones situados ante su consulta.

Tenía sobre mis rodillas la cartera en la que guardaba el manuscrito y las páginas intercaladas que Waltcie había añadido escritas de su puño y letra. Me quedé algo absorto recordando el contenido de lo que contaba e imaginando las experiencias que mi amigo había tenido que soportar.

–¡Pero bueno, qué sorpresa! ¿Qué hace usted aquí? –La inconfundible voz de la doctora me despertó de aquel ensimismamiento e inmediatamente una sonrisa se apropió de mi rostro, cruzándose con la suya.

–¡Oh!, doctora –la saludé, extendiéndole mi mano.

Su cara, a pesar de la sorpresa, denotaba alegría por volver a verme.

–Verá, ¿se acuerda de mi amigo Walterson? Pues tengo nuevas noticias sobre el modo en que se desarrollaron los que debieron ser sus últimos días.

–¡Oh! –repuso–, en su caso siempre hubo algo misterioso para mí. Recuerdo que no sabía muy bien qué poner en su parte de defunción.

–¿Tiene tiempo? Si quiere puedo explicarle algunos detalles –dije señalando la cartera que portaba conmigo.

–Encantada. Ahora salía para comer. Y hoy acabo aquí mi jornada.

Mi paraguas fue un buen acompañante para los dos hasta el discreto *pub* cercano que ella sugirió para almorzar. Nos sentamos uno frente a otro y, tras internarnos en una primera conversación más intrascendente, finalmente afrontamos la cuestión principal.

–Creo que aquí están las claves para entender lo que llevó a Waltcie al hospital, y quizá lo que acabó con él.

El rostro de la doctora denotó que no sería para tanto, e incluso llegué a percibir que tal vez supuso que podía tratarse de una excusa para interesarla y acercarme a ella. Solo cuando vio que mi cara mudaba de color comenzó a pensar que hablaba en serio y que podría haber algo más.

–¿Recuerda la mochila que me entregaron cuando falleció? Pues guardaba en ella una carpeta con varios documentos sorprendentes. Unos han sido recientemente escritos por él y el otro parece antiquísimo.

»El conjunto comienza con una carta que me dirige a mí en la que cuenta lo que vivió, sus sensaciones, y me ruega que dé a conocer todo ello.

»A continuación, empieza el llamado manuscrito *Ochtagán*; un antiquísimo libro, al parecer anónimo, que Waltcie no sabe cómo llegó a su poder.

Mientras le explicaba todo hice señas dando a entender que aquellos documentos estaban guardados en la cartera que portaba conmigo.

–Parece que su relación sentimental se había roto de modo inesperado e incomprensible y él quedó bastante afectado –dije.

Y me preparé para narrarle del modo más simple y sencillo todos los acontecimientos que conocía.

–Al encontrarse solo decidió dedicar sus vacaciones a acometer un reto deportivo haciendo *running* a lo largo de la costa irlandesa.

»De forma inesperada llegó al que denomina *Ecdon Point* y allí se topó y se vio envuelto por el mundo *Ochtagán*.

»Parece que, de forma casual, el guardián (*caomhnóir*) le incluyó entre sus educandos y pudo asistir a sus proclamas.

»El hecho es que quedó tan escandalizado con lo que allí escuchó que pensó que no podía ser real sino que se trataba de un sueño. Cuando finalmente tomó el camino de vuelta a casa fue cuando encontró el manuscrito *Ochtagán* en su mochila.

Los ojos de O´Sullivan permanecían abiertos, fijos y sin pestañear.

–Explica claramente, como ya la he dicho, que no sabía cómo podía haber llegado allí. Interesado por él, lo leyó y comprobó que ese escrito se correspondía con las enseñanzas recibidas durante las sesiones a las que había asistido.

»Debió trabajar cuidadosamente el texto porque entre medias incorpora hojas blancas en las que de su puño y letra describe sus sensaciones y comentarios.

»Termina explicando que se encuentra mal, atacado por algo extraño, y se despide rogándome de nuevo que, si no consigue poder verme pero la carpeta llega a mis manos como es su deseo, haga todo lo necesario para que sea publicado y dado a conocer.

La cara de perplejidad de la doctora le daba un aspecto especialmente ingenuo y atractivo que ahora me hizo sonreír a mí.

La lluvia golpeaba con fuerza contra las cristaleras de la ventana junto a la que estábamos acomodados y nuestra mirada se distendió silenciosa durante unos instantes.

Cuando acabamos de leer todas las páginas, ya atardecía aquel día oscuro que se había cerrado aún más.

Al comentarle a la doctora O´Sullivan que había decidido emprender un viaje para localizar la ruta que había recorrido Waltie y tratar de encontrar el *Ecdon Point*, que ni siquiera era conocido en el Instituto Geográfico Irlandés, se mostró sorprendida e incluso demostró un cierto, aunque tímido, deseo de participar en aquella extraña aventura. Los escritos que había podido leer y las dudas que albergaba sobre las posibles causas de la muerte de Waltcie la empujaron finalmente a ofrecerse a venir, lo cual para mí fue una grata sorpresa.

Y con mi Land Rover Defender y unos planos detallados que había conseguido comenzamos el viaje. Tofy, mi querido y cariñoso Setter inglés, fue el primero en encaramarse en la parte trasera.

El plan era localizar los lugares donde se había alojado Waltcie. Allí casi seguro que nos orientarían sobre la ruta y posibles alojamientos. Así hasta llegar a un lugar que pudiéramos identificar con ayuda de las pinceladas que del *Ecdon Point* mi amigo había dejado en sus páginas.

Escudriñamos durante días lugares y más lugares de aquí y de allá sin ser capaces de encontrar a nadie que pudiera identificar los indicios a los que Waltcie se refería.

Fue una aventura que nos sirvió para acercarnos en una grata relación personal, pero el objetivo de nuestro viaje no pudo ser cumplido. Nadie, ni siquiera en los lugares que nos parecieron más similares al descrito por Waltie, supo o quiso darnos referencia de ningún corredor que hubiera pasado por allí.

ANAN TUARASCÁIL DANISH
(EL REPORTERO DANÉS)

Estaba esperando a que O'Sullivan finalizase su consulta y mientras ojeaba algunas de las revistas que se encontraban disponibles en la sala de espera. Opté por un prestigioso magazine dedicado a reportajes de investigación en cuyo titular de portada podía leerse: «Kierkegaard. El adiós inesperado al reportero de los misterios».

Kierkegaard era un afamado periodista independiente que realizaba reportajes y tomaba las fotografías más misteriosas en los lugares más insólitos del mundo. Era además columnista y escribía páginas interesantísimas con datos que ponían al descubierto investigaciones y acontecimientos insospechados.

En una dedicatoria a doble página interior se podía leer: «*Nadie como él era capaz de infiltrarse en los lugares más recónditos, sortear servicios de seguridad, acceder a informaciones confidenciales y dar a conocer fotos que hablaban por sí solas y que contenían datos sorprendentes. Se consiguió el respeto y la admiración del gran público y el reconocimiento profesional de los medios más prestigiosos. El sello Kierkegaard era inconfundible y símbolo del mayor prestigio y veracidad*». Todo en aquellas columnas eran elogios a la tarea del famoso reportero y a su persona.

Algunas de sus fotos más famosas completaban el extenso reportaje dedicado a aquella figura singular recién desaparecida de forma inesperada.

En el apartado dedicado a «sus últimas fotos» aparecía una de alta calidad y a doble página en la que se mostraba una curiosa reunión entre algunos de los más poderosos representantes de la política, la industria, los organismos internacionales, las finanzas o la religión, todos ellos con vestimenta informal participando de lo que parecía algún tipo de aparentemente amistosa y desenfadada celebración. Era sorprendente e increíble pensar que aquellos personajes hubieran llegado a estar juntos.

La treintena de personajes que allí estaban eran perfectamente reconocibles y, de no haber sido una foto tomada por Kierkegaard cualquiera hubiera podido decir que se trataba de un montaje. Allí estaban representados tanto Occidente como Oriente, el Norte como el Sur, el más variado grupo de tendencias políticas y pensamientos, hombres y mujeres sonriendo. Todo tipo de ideologías, incluso radicalmente enemistadas, estaban juntas.

«El misterioso club secreto que a todos une», había titulado Kierkegaard su reportaje.

Fui revisando detalladamente los rostros de unos y otros poniéndoles nombres. Más al fondo, en una pared de la sala podían verse colgadas fotografías o pinturas de otras reuniones similares en las que aparecían personajes de épocas anteriores. Daba la impresión de que aquel tipo de reuniones se hubieron venido celebrando sistemáticamente en diferentes épocas.

La sólida e impresionante puerta que se distinguía al fondo era de madera labrada. Paseé mi mirada por ella de forma distraída unas cuantas veces, pues mi prioridad era descubrir los rostros y atuendos de los congregados. En una de esas livianas pasadas, de forma inesperada llamó mi atención una especie de escudo grabado en la madera: ¡Era un octógono en cuyo centro lucía una flor acampanada y a cuyo pie se leía *baill Chlub Ochtagán* (miembro del Club Octogonus)!

¡Ochtagán! ¡Aquellas ocho misteriosas letras otra vez frente a mis narices!

Estaba tan atónito y absorto en lo que estaba viendo que no me di cuenta de que Marion, la doctora O´Sullivan, había salido de su despacho y se me había aproximado.

–¿Qué lees con tanto interés? –me preguntó.

–¿Podemos tomar prestada esta revista? –le dije.

–Por supuesto; si tanto te interesa, adelante. Llévatela.

–Luego te cuento.

Salimos a pasear juntos. Nos gustaba hacerlo lentamente, disfrutando de la agradable conversación que fluía con naturalidad y sencillez entre ambos. O´Sullivan tenía un gran sentido del humor, algo en lo que coincidíamos, así que entre los dos surgían bromas y frecuentes frases con doble sentido.

Tofy correteaba de un lado a otro, viniendo de cuando en cuando a nuestro lado en busca de una caricia.

–¿Qué me ibas a contar? –me preguntó.

–Sí, ven; sentémonos tranquilos en este banco junto al río.

Le tendí la revista abierta directamente por las páginas que hacían referencia a Kirkegaard.

–Conozco la obra de este reportero. Es increíble –comentó Marion–. Tanto sus fuentes de información como su capacidad para realizar fotos insólitas son admirables. He leído todo lo que he podido de él. ¡No me digas que ha fallecido! –se sorprendió–, si era muy joven.

–Sí –aseveré–. Pero quiero que veas con detalle la colección de fotos que contiene este *dossier* en su honor. A ver lo que encuentras.

Miró con atención todas las páginas que se referían a Kierkegaard; primero con cierta fluidez y luego con parsimonia.

–No sé a qué te refieres. Son todas muy buenas y sorprendentes.

–¿Ninguna te ha llamado especialmente la atención?

—Hombre, si tuviera que decantarme por alguna… Pero me parece que tú lo dices en otro sentido.

—Mira esta imagen, por favor —le pedí y coloqué, abierta de par en par, la que se extendía a doble página—. ¿Hay algo que te llame la atención?

—Vaya colección de personajes —dijo y emitió un silbido que por sí solo lo decía todo.

—Observa detrás de los rostros, en el fondo. ¿Ves algo?

—Bueno, es un salón amplio y espacioso decorado con fotos y retratos.

—¿Y qué más?

—Pues, francamente no sé. ¡Ay, dímelo de una vez! —exclamó.

—¿Ves una puerta?

—Sí claro.

—¿Y no te llama la atención nada especialmente en ella?

Se fijó con especial atención y finalmente exclamó:

—¡Dios mío!, si es un octógono. Y parece que lleva grabada la palabra «Ochtagán». Y esa flor. Esa flor acampanada es una dedalera. La flor tóxica de la que en su momento hablamos. ¿Qué significado crees que puede tener todo esto?

—Pues tengo la impresión de que *Ochtagán*, la organización en la que de forma casual se vio envuelto Waltcie, conforma un extraordinario grupo de poder. Una especie de secta que agrupa a los seres más poderosos de la Tierra. Creo que los selecciona y educa en sus principios, tal como Waltcie nos desveló en sus notas, y luego los lanza a dominar el mundo.

—¿Una secta secreta?

—Ciertamente. Una peligrosa secta secreta en la que se entra, voluntaria o casualmente, y que no permite abandonos. El Club Ochtagán es algo así como el club del poder.

O'Sullivan se propuso hacer pesquisas con los colegas que atendieron en sus momentos finales a Kierkegaard. Concluyeron que los síntomas que padecía eran muy similares a los que ella misma observó en Waltcie. Tanto los de uno como los de otro habían sido tan inesperados y precipitados como extraños. La dedalera podría ser la causante.

Marion y yo cenamos juntos, quizá por última vez.

—Me encuentro muy a gusto contigo —le dije mientras miraba fijamente esos ojos que expresaban una natural complicidad con los míos.

—Yo también contigo —me dijo.

Y lentamente nuestras manos se rozaron la una con la otra.

Nunca fuimos capaces de descubrir si existía aquel *Ecdon Point* al que Waltcie se refería. Bien pudo haber sido un nombre inventado por los habitantes locales de alguna comarca, porque los irlandeses son muy amigos de crear lugares misteriosos, o quizá fuera un invento de mi amigo para evitar que pudiera descubrirlo y así protegerme si se me ocurría husmear más de la cuenta por allí.

Pero jamás he sido capaz de olvidar aquel estribillo que Waltcie dejó escrito y que cantaba aquel anciano compañero de bebida: *«El secreto de Ecdon Point; el secreto de Ecdon Point»*.

En aquel momento tuve una cosa clara: aquella historia, con todo su contenido, debía salir a la luz.

AN ADMHÁIL (LA CONFESIÓN)
En el que parece aclararse parte del misterio

«Por su orgullo cae arrojado del Cielo con toda su hueste de ángeles rebeldes para no volver a él jamás. Agita en derredor sus miradas y blasfemo las fija en el empíreo, reflejándose en ellas el dolor más hondo, la consternación más grande, la soberbia más funesta y el odio más obstinado».

El Paraíso perdido, de John Milton

Pocos días más tarde de haber sido publicada la primera edición del manuscrito *Ochtagán*, alguien depositó en nuestro buzón un rugoso y descuidado sobre que parecía haber viajado desde los confines de la Tierra. Contenía la siguiente carta que, curiosamente, estaba escrita en español:

«Nuestros puertos de partida eran un hervidero de euforia. Gentes de todo tipo se habían reunido en ellos para contemplar el poder de la Armada que allí se había concentrado.

»Las bendiciones en nombre de su católica Majestad fueron las últimas en despedirnos, dando a toda aquella situación un aire de solemnidad y magnificencia.

»Nuestro espíritu se vio alimentado por los vítores del gentío congregado en aquel singular e histórico día.

»Poco, sin embargo, durarían nuestras alegrías. Enseguida la climatología se encargó de recordarnos que las penurias forman parte ineludible de la mar, y poco después se convertiría en un suplicio que persistiría días y días.

»Lo que empezó como un temporal, que todos pensamos que sería leve y no demasiado duradero, se fue transformando primero en tormenta y después en un pertinaz infierno de agua y viento.

»Los buques que partieron alineados y que llegados desde diferentes puertos se fueron agrupando para ofrecer aún mayor poderío como flota de guerra, comenzaron a desdibujarse en aquel negro horizonte, siendo dispersados por los furiosos vendavales que azotaban las negras y rugientes aguas atlánticas.

»Los rostros de los marinos comenzaron a mostrarse primero tensos, y después, conforme pasaban los días, crispados. El agotamiento comenzó a dejar huella en aquellos aguerridos soldados por el tremendo y prolongado esfuerzo.

»Esos rudos personajes vieron sorprendida su moral cuando las endiabladas condiciones hicieron naufragar y se tragaron algunas de las embarcaciones más próximas.

»Aquel conjunto de navíos que impresionaba, al componer un poder naval jamás antes visto, se fue convirtiendo en un frágil conjunto de velámenes dispersos, muchos destrozados. Cada vez se presentía una mayor impotencia, tales eran las dificultades para mantenerse a flote. Así era el zarandeo al que nos veíamos sometidos por aquella naturaleza desbravada y fuera de todo control.

»No pasó mucho tiempo hasta que nuestro buque se viera alejado del resto. Cada cual intentaba a toda costa mantenerse a flote y a duras penas lo conseguíamos, no sin dolorosas pérdidas. Yo mismo, mientras me aferraba para no ser arrastrado de la cubierta, vi desaparecer a dos de mis compañeros a los que una ola hizo saltar por la borda como peleles.

»Ya el griterío de personas aterrorizadas clamaba, y aunque sus gritos se hacían imperceptibles en medio de aquella furia de la naturaleza, el conjunto se presentaba aún más dramático. Muchos eran los hombres que habían muerto para ese momento.

»El barco, desarbolado y maltratado, estaba a la deriva y a merced de las fuerzas de la naturaleza.

»Vi a mi lado, zarandeado, cómo aquel clérigo que nos acompañaba se mantenía sujeto con una maroma a uno de los soportes de la cubierta ante el camarote de nuestro capitán y le imaginé alentando nuestra fe con una arenga: 'Recordad y orad a Dios Nuestro Señor. Él es todo bondad y cuidará de nosotros'.

»Estuve por gritarle: '¡Calle de tanta plegaria y ayude a tratar de gobernar! ¡Tire de esos cabos con todas sus fuerzas de cuerpo y espíritu para evitar la total desarboladura!' (de lo que ya para entonces era poco más que un cascarón).

»Reconozco que mantuve mi boca cerrada ante el temor de que si por un milagro sobrevivía podría ser acusado de blasfemo y toda la ira de Dios recaería sobre mí.

»Y mientras, otro hombre más se precipitó al fondo del océano. Sus gritos se vieron ahogados, pero el pánico de su rostro, ante el que sabía que era su último instante, lo expresaba todo.

»Amanecía cuando, aún entre brumas por la negrura del cielo, habiéndose aplacado en parte la frenética tormenta, apareció una nueva y grave preocupación. Un grupo rocoso de afiladas aristas emergía ante nosotros, y nuestro ya simple cascarón, desprovisto de cualquier tipo de gobierno, era arrastrado irremediablemente por unas corrientes que parecían encargadas de enviarnos a ser engullidos por aquellos monstruos.

»La mayoría de nosotros presentábamos ya dolorosas heridas en diferentes partes del cuerpo y solo la tensión nos hacía permanecer aún en pie. Los restos de tres buques naufragados eran batidos a su suerte entre unas y otras de aquellas amenazadoras rocas. Aún otro crujió al ser desgarrado por las afiladas cuchillas y todos supimos que ese sería nuestro final.

»En lo alto de los acantilados que se perfilaban detrás de aquellas terroríficas púas pude ver una extraña y rojiza luminosidad. Miré con firmeza hacia ella y le juré, fuera de quien fuera y proviniera de donde proviniera, eterna fidelidad si conseguía permitirme sobrevivir y liberarme de aquella tortura a la que estaba sometido, ya que mi Dios no había querido saber nada de mí ni de mis oraciones.

»El golpe fue terrible. El casco crujió y se abrió con la facilidad con la que un cuchillo rasga un flan.

»Recuerdo verme girar; sentí el agua en mis pulmones y fuertes golpes en varias partes de mi cuerpo antes de que la consciencia me abandonara.

»Lo siguiente fue encontrarme desconcertado, profundamente dolorido, congelado y ensangrentado en una ensenada donde hube de ser vomitado por la furia del mar y la casualidad de alguna corriente que me empujara.

»Mi primera impresión fue dudar de si prolongar mi vida en aquellas condiciones en las que me encontraba era un premio o un castigo de la naturaleza.

»Tuve fuerzas solo de arrastrarme hacia tierra firme. Noté cortes en mi cara, una de mis piernas no me respondía, mi espalda acusaba un duro golpe que apretaba mis pulmones y no conseguía prácticamente abrir uno de mis ojos.

»Me abandoné y perdí de nuevo el conocimiento.

»No sé cuánto tiempo después, pero seguro que días, volví a la vida. Era un día soleado. Lloré al verme en tan lamentable estado y encontrarme con aquellos harapos y aterido de frío. A gatas recogí algunos enseres, entre ellos una capa marrón negruzco que bien pudiera haber arropado al, seguro que ya, desventurado clérigo.

»Sobreviví como pude gracias a que el tiempo se moderó y calmó dando paso a unos días de sol radiante.

»Finalmente, por el brillo rojizo que en las noches destellaba en lo alto de la colina sobre los abruptos acantilados, tuve conciencia de la visión que había tenido y recordé mi promesa.

»Cuando recuperé algunas fuerzas ascendí penosamente por una pindia y adusta senda y me encontré ante el oráculo donde encontraría mi cobijo.

»Entre las piedras de aquella impresionante construcción maldije a gritos la manipulación a la que había sido sometido por los poderosos y me conjuré como el guardián de sus secretos. Allí, algo me exigió cumplir mi promesa.

»Unos 'goblin' se concentraron junto a mí.

»Lo demás, en parte, ya os es conocido».

EPÍLOGO

*«A las almas que solo poseen un horizonte
y buscan la pureza».*

El de los poderosos es un mundo de tinieblas y opaco cuya identidad no permiten que se conozca. Quienes en apariencia se muestran como poderosos son tan solo son burdos lacayos con polainas de seda y oropeles engolados que sirven a los auténticos y anónimos amos del poder.

Sus cachorros son adiestrados en los fundamentos de su comportamiento por el *caomhnóir rúndiamhair* (guardián del misterio), en un lugar tan aislado e insólito como el *Ecdon Point,* y su oráculo es el manuscrito *Ochtagán.*

La bondad, el interés por el bien común, la buena educación, la sana convivencia, el esfuerzo, la disciplina, el respeto, el trabajo en equipo, el sentido del deber, la recta conciencia, la paz o el equilibrio son, entre otros, algunos de los principios en los que se educa a los *caoirigh.* Forman parte de sus convicciones y comportamientos.

Los mastines y los pastores los fomentan y vigilan para que sea la tendencia natural entre ellos.

Mientras, los amos los utilizan en su beneficio.

La otra cara de la moneda, la de la malicia, el interés propio, la educación interesada, el temor, aprovecharse del esfuerzo de otros, la invasión, la conciencia acomodaticia, el utilitarismo o el conflicto agresivo que les proporciona confort, es su mundo.

Ellos se mueven en estos parámetros mientras defienden y ensalzan la ingenuidad en la que se adiestra a la mayoría de los *caoirigh*. Porque viven de la feliz docilidad de la manada.

Aquellos cachorros de *Ochtagán* fueron adiestrados con destreza en los principios de este manuscrito.

Hoy, ya en la cúpula, extienden sus redes de poder a través de un mundo descarado que ha perdido el rumbo y se desliza hacia un intervencionismo utilitarista de las personas.

Han pasado los años y el mundo continúa perforando su precipicio.

Aquellos iniciantes, aliados hoy con la diosa tecnología, imponen, tras una imagen de libertad, los más crudos métodos de *Ochtagán*. Usan a gobernantes de la más ínfima cualificación, calificación ética y el mayor desprestigio y distancia con los ciudadanos, que sirven vilmente a sus intereses.

Tost (silencio), *dusek* (oscuridad) y *cumhacht* (poder) componen el juramentado compromiso de los *comhalta* Club *Ochtagán* (CCO), los miembros del Club *Ochtagán*.

Y, entre tanto, los pastores, los mastines y los *caoirigh*, siguen siendo eso, meros pastores, mastines y *caoirigh* entregados a la manada.

El espíritu *Ochtagán* se hace así más visiblemente oculto que nunca.

La leyenda de *Ecdon Point* sigue viva en nuestros días. *Daré gracias a Dios toda mi vida por haberme criado en un entorno de bondad.*

Por haber creado en mí una conciencia que me alerte ante la maldad y me haga sentir repugnancia cuando me la encuentro.

Por tener la posibilidad de acceder a los dones del arrepentimiento y el perdón.

Por alejar de mí los tormentosos sufrimientos que crearon el odio en las entrañas de aquel guardián del secreto.

Gracias por una vida cuyo valor no aprecias hasta verte sometido a la tortura de los 'tionscanta' (iniciados) de la doctrina Ochtagán.

Un *caoirigh*, inconscientemente feliz en
La Casona Fuentetaje, Real Valle de Reocín, Cantabria
20 de octubre del 2019
jgutierrezconde@gmail.com

AGRADECIMIENTOS

A mi querido y admirado amigo Jesús Núñez García. Él fue el primero que se ofreció a leer este libro cuando aún era un primer borrador y quien me animó a publicarlo cuando yo estaba en un mar de dudas al respecto.

Jesús es un hombre de esos inusuales que hace a quien lo conoce sentirse orgulloso de su amistad, un hombre no solo de fe sino además practicante y entregado desde su profesión de médico vocacional a ayudar a los demás, sean o no pacientes.

Siendo como es su comportamiento un ejemplo de bondad, rectitud y generosidad, me confesó haberse visto conmovido con estas líneas, quizá por lo crudo y rompedor de sus fundamentos.

Dialogamos mucho, no solo sobre su contenido, sino además sobre mi preocupación personal por si debía o no publicar algo tan agresivo y mordaz.

—¡Publícalo! —me dijo—. No quites nada. ¡Debes publicarlo! A mí me ha conmovido y me ha hecho chocar de bruces con la burda realidad. Quien quiere elevarse hacia las más nobles aspiraciones del ser humano debe leerlo y saber que el diablo del poder nunca ha dejado este mundo.

Aquellas palabras fueron definitivas para que decidiera que este libro debía ver la luz.

Por otro lado, una vez más debo dar las gracias a mi editora, Marta Prieto Asirón, quién a través de su Editorial Kolima realiza un excelente trabajo. Además, allí me ha permitido conocer a un conjunto de compañeros escritores envidiables, no solo por su cualificación sino por su perspectiva de la vida y defensa de los valores más importantes y superiores del ser humano. Espero que este libro no les ofenda y sean comprensivos conmigo.

Y, finalmente y con especial afecto, a todo el equipo editorial que con su gran trabajo desde la trastienda hace posible el avance de este proyecto. Gracias a Carolina, Rocío, Sergio, Lucía y las dos beatrices. Sois personas admirables por la excelencia de vuestro trabajo. Me encanta estar con vosotros.

GLOSARIO DE PALABRAS
Y EXPRESIONES IRLANDESAS

- *Altóir na gecoimirce:* altar de los auspicios
- *An cluirche tráthnóna:* juego de la penumbra
- *An finscéal Ecdon Point:* la leyenda de *Ecdon Point*
- *An máistir mighty:* el poderoso amo
- *An meantóir mor:* el gran mentor
- *An mistéireach níos faide:* el misterioso más allá
- *An t-oracagán ochtagán:* el oráculo del octógono
- *Aoirí:* pastores
- *Árthach urramach:* vasija reverencial
- *Baill Chlub Ochtagán:* miembro del Club Octogonus
- *Caoirigh:* tipo de carnero u oveja
- *Caomhnóir:* guardián
- *Caomhnóir rúndiamhair:* guardián del misterio
- *Cogar an choinsiasa:* susurro de la conciencia
- *Cumhacht:* poder
- *Grá:* amo
- *Deora an diabhail:* lágrimas del diablo
- *Dlí na féarach agus a manger:* ley de los pastos y el pesebre
- *Dorchadas:* oscuridad
- *Eachtrannaigh:* foráneos
- *Ealain na láimhseáil:* arte de la manipulación
- *Elves dochracha:* duendes dañinos
- *Foghlaimeoiri:* educandos
- *Goblins:* duendes
- *Lá ochtagán:* día del octógono
- *Leabhar na n-olc:* el libro del mal
- *Mastiff:* mastín

- *Múinsteoir iontach:* gran maestro
- *Múinteairs:* maestros
- *Ochtagán:* octógono
- *Olc mór na cumhachta:* la gran maldad del poder
- *Olc na cumhachta:* la maldad del poder
- *Oracal caomhnóra:* oráculo del guardián
- *Pixies:* duendecillos
- *Reithe:* carneros
- *Thosaitheoirí:* iniciantes
- *Tionscanta:* iniciados
- *Tost:* silencio

KOLIMA
BOOKS

www.ingramcontent.com/pod-product-compliance
Lightning Source LLC
LaVergne TN
LVHW010331200726